Respostas às Perguntas que os pastores sempre fazem

Warren W. Wiersbe
Howard F. Sugden

Respostas às Perguntas que os pastores sempre fazem

CPAD
Rio de Janeiro

Título do original em inglês: *Answers to Pastors' FAQs*
Cook Communications Himistries, Colorado Springs, Colorado, EUA
Primeira edição em inglês: 2005
Tradução: James Monteiro

Preparação dos originais: Luciana Alves
Revisão: Gleyce Duque
Capa e projeto gráfico: Josias Finamore
Editoração: Josias Finamore

CDD: 250-Teologia Pastoral
ISBN: 978-85-263-0807-7

As citações bíblicas foram extraídas da versão Almeida Revista e Corrigida, edição de 1995, da Sociedade Bíblica do Brasil, salvo indicação em contrário.

Para maiores informações sobre livros, revistas, periódicos e os últimos lançamentos da CPAD, visite nosso site: http://www.cpad.com.br.

SAC — Serviço de Atendimento ao Cliente: 0800-701-7373

Casa Publicadora das Assembléias de Deus
Caixa Postal 331
20001-970, Rio de Janeiro, RJ, Brasil

1ª edição/2006

2ª Edição 2007

PREFÁCIO DESTA EDIÇÃO

É difícil acreditar que já tenham se passado trinta anos desde a primeira edição deste livro. Alegro-me por ter sido publicado durante todo esse tempo e pelas encorajadoras reações que provocou. Dou graças ao Senhor por qualquer ajuda que esse livro tenha prestado àqueles que se encontram envolvidos no ministério pastoral. Toda glória pertence a Ele.

Já não exerço o pastorado, e Howard Sugden, meu amigo, partiu para estar com o Senhor. Nossos corações sempre estiveram, e o meu permanece, na igreja local e com aqueles que lá servem. Houve muitas mudanças no campo da religião durante esses trinta anos, algumas animadoras, outras assustadoras. De qualquer forma, tenho visto que a inspirada Palavra de Deus ainda alcança a necessidade do seu povo. Nossa comissão continua a mesma: "Pregai a Palavra!"

Quando meus amigos na *Cook Communications / Victor Books* manifestaram interesse em uma nova edição deste livro, sugeri que revisássemos e expandíssemos seu conteúdo, para que pudéssemos abordar algumas das novas questões que a igreja enfrenta. A *Cook Communications* aceitou minha sugestão e o resultado está no livro que você tem em suas mãos. Quero agradecer ao meu filho, David W. Wiersbe, por suas sugestões de grande valia. Meu editor, Craig Bubeck, apoiou-me e foi bastante paciente ao esperar pelo manuscrito.

Se você é um jovem pregador, poderá encontrar aqui citações de pregadores do passado que lhe são estranhos. Recomendo que se familiarize com eles, que leia seus sermões e suas biografias. Eles o enriquecerão. Meu livro, *Living with the Giants (Vivendo com os Gigantes)* (*Baker*), apresenta alguns deles e traz biografias de grande auxílio.

São tempos magníficos para o ministério. Que Deus ajude todos nós a sermos fiéis até que Ele venha!

Warren W. Wiersbe

PREFÁCIO DA PRIMEIRA EDIÇÃO (1973)

Deus nos chamou para sermos pastores e pregarmos sua Palavra e, para sermos francos, nós adoramos. Phillips Brooks expressa isso de forma magistral em *Lectures on Preaching* (Lições sobre Pregação): "Regozijemo-nos uns com os outros porque, em um mundo onde existem tantas coisas boas e aceitáveis para os homens fazerem, Deus nos deu o que há de melhor e mais aceitável e nos tornou pregadores da sua Verdade".

Temos tido o privilégio de apascentar igrejas grandes e pequenas. Atualmente, nós dois atendemos a igrejas centrais. Também temos tido o privilégio de ministrar em diversos encontros por todo o país. Muitas vezes, os mais gratificantes são os encontros de pastores, quando podemos estar com nossos irmãos no ministério e compartilhar os fardos uns dos outros. Com freqüência, podemos conduzir períodos de debates, nos quais tentamos encorajar e esclarecer os irmãos a partir da Palavra e de nossas próprias experiências.

As perguntas e respostas neste livro são oriundas destes seminários. Muitas vezes nos sugeriram que publicássemos as respostas às perguntas mais freqüentes, o que nos levou à publicação do livro agora em suas mãos. Tais perguntas lidam, em essência, com o pastor e seu trabalho na igreja, logo não se trata de um livro sobre questões bíblicas e teológicas.

Não esperamos que todos os pastores concordem com cada resposta apresentada. Esperamos, sim, que cada irmão medite honestamente em cada resposta e peça a orientação de Deus. Não enchemos as páginas com expressões do tipo: "Lembro-me de um caso em que", ou, "Eis como aconteceu comigo". Pastores são pessoas atarefadas e gostam de respostas diretas. Sem dúvida, cada pastor poderá ilustrar cada resposta com exemplos extraídos de sua própria prática.

Não esqueça que escrevemos a partir de nossas próprias experiências, o que nos impede de discorrermos com competência sobre cada igreja local. Nossos próprios ministérios vêm sendo exercidos em igrejas independentes, ainda que em comunhão com outras de fé semelhante. Reconhecemos que cada denominação possui sua própria forma de lidar com certas questões, em especial no que tange à disciplina eclesiástica e à ordenação de pastores. Ainda assim, cremos que os irmãos que apascentam essas igrejas podem se beneficiar do que temos a dizer.

É preciso confessar que, ao escrevermos estas páginas, tínhamos em mente os pastores mais jovens. Por algum motivo, muitos deles não aprendem esses princípios básicos no seminário. Se pudermos lhes poupar alguns problemas e provações, sentir-nos-emos amplamente recompensados por nossos esforços. Ainda assim, até mesmo um pastor mais experiente poderá usufruir de algumas novas idéias ou recordar alguns princípios esquecidos. Aquele que se gaba de cinqüenta anos de experiência no ministério pode não estar falando a verdade. Ele pode ter tido apenas um ano de experiência — repetido cinqüenta vezes.

Ao lançarmos este livro, oramos para que ele sirva de auxílio e incentivo a nossos irmãos no ministério, a fim de que todos possamos ser eficientes em ganhar os perdidos e edificar a igreja de Cristo.

Howard F. Sugden e Warren W. Wiersbe

SUMÁRIO

- *Prefácio desta Edição* ... *5*
- *Prefácio da Primeira Edição* ... *7*
- *Capítulo 1 – O Chamado para o Ministério* ... 11
- Capítulo 2 – O Chamado para uma Igreja ... 21
- Capítulo 3 – O Pastor em uma Nova Igreja ... 29
- Capítulo 4 – A Organização da Igreja ... 43
- Capítulo 5 – A Pregação ... 51
- Capítulo 6 – O Pastor e os seus Livros ... 61
- Capítulo 7 – O Culto na Igreja ... 71
- Capítulo 8 – Atividades e Programas ... 81
- Capítulo 9 – Visitação ... 95
- Capítulo 10 – Casamento e Divórcio ... 103
- Capítulo 11 – Falecimentos e Funerais ... 111
- Capítulo 12 – Colegas de Trabalho ... 119
- Capítulo 13 – O Relacionamento com Pessoas Problemáticas .. 127
- Capítulo 14 – Membresia ... 135
- Capítulo 15 – Disciplina Eclesiástica ... 143
- Capítulo 16 – O Pastor e o seu Lar ... 151
- Capítulo 17 – Questões Pessoais ... 157
- Capítulo 18 – O Pastor e suas Prioridades ... 169
- Capítulo 19 – O Ministério da Esposa do Pastor ... 173
- Capítulo 20 – Questões Diversas do Ministério ... 183

Capítulo Um

O CHAMADO PARA O MINISTÉRIO

Como posso saber se tenho um chamado para o ministério? Qual a importância de se estar convicto a respeito de um chamado em especial?

O trabalho do ministério é por demais duro e oneroso para que alguém o abrace sem o sentimento de um chamado divino. Não raro, as pessoas o iniciam e então o abandonam, pois lhes falta essa premência que acompanha um chamado. Somente um nítido chamado de Deus pode fazê-lo persistir quando as coisas ficam difíceis no ministério.

Como podemos saber se temos um chamado? Para alguns, isso se dá em meio a situações dramáticas — como as enfrentadas por Moisés com a sarça ardente; Isaías, no templo; ou Paulo, na estrada para Damasco. Já para a maioria de nós, trata-se simplesmente de uma convicção crescente e inegável de que Deus tem sua mão sobre nós. Paulo expressa esse sentimento da seguinte forma: "... se anuncio o evangelho, não tenho de que me gloriar, pois me é imposta essa obrigação; e ai de mim se não anunciar o evangelho!" (1 Co 9.16) Quando se é chamado, há uma convicção íntima que não lhe permite investir a vida em nenhuma outra vocação.

Além dessa certeza, existe a posse dos dons e talentos que Deus requer daqueles que trabalham em sua obra. O candidato para o ministério deve orar e refletir nas palavras de Paulo em 1 Timóteo 3.1-7 e Tito 1.5-9. Ministro algum se sente qualificado de forma apropriada. Até mesmo Paulo disse: "E, para essas coisas, quem é idôneo?" (2 Co 2.16) Ainda assim, aqueles que são chamados de fato sentem que Deus lhes deu todas as habilidades naturais e dons espirituais de que necessitam, os quais devem ser dedicados, cultivados e usados para a glória de Deus.

Obviamente, pastores devem ter um caráter e uma conduta acima de qualquer dúvida. Devem com sinceridade desejar servir a Cristo, sendo necessário que amem a Palavra e desejem partilhá-la com os outros. Precisam amar as pessoas, estando aptos a trabalhar bem com elas. Precisam ter maturidade emocional e espiritual. No caso de ser casado, aquele que recebe o chamado deve se certificar da concordância da esposa.

Com essa convicção interior e uma honesta avaliação pessoal, o indivíduo deve ser aprovado por aqueles que conhecem ao Senhor. Isso não significa que devemos "consultar carne ou sangue" (Gl 1.16), mas sim que o povo de Deus haverá de confirmar o que o Senhor já assegurou em nosso coração. Se você sente um chamado para pregar, comece a exercitar seus dons na igreja local e onde mais Deus lhe der oportunidade para servir. Spurgeon iniciou seu ministério distribuindo folhetos em cortiços; D. L. Moody começou como professor na Escola Dominical.

Vale a pena passar algum tempo com um servo mais experiente (seu pastor, de preferência) para discutir esses assuntos e buscar a orientação de Deus. É interessante que, na Bíblia, Deus preferisse chamar pessoas ocupadas: Gideão estava malhando trigo, Moisés cuidava das ovelhas, Davi estava com o rebanho de seu pai, Pedro e André estavam pescando. Não é fácil girar o volante de um carro parado, e Deus, em geral, não guia um crente que esteja acomodado.

Algumas vezes, a igreja sentirá o chamado de Deus sobre a vida de um membro antes mesmo de ele o sentir. John Knox foi levantado como pregador ao fim de um sermão de John Rough, no castelo de Santo André, na Escócia. O preletor, de forma solene, convocou-o a "não abjurar essa santa vocação". Knox correu para seu quarto, onde chorou e orou. Ao sair, obediente, abraçou o seu chamado. George W. Truett teve experiência semelhante ao ser convocado para o ministério por um já idoso diácono, em uma igreja Batista em Whitewright, Texas. Truett disse: "Fui lançado na correnteza e restou-me apenas nadar".

Não se deve abraçar o ministério por se ter fracassado em diversas outras ocupações, ou porque não há mais nada a fazer. Vale a pena repetir o conhecido conselho: Se lhe é possível ficar fora do ministério, faça-o. As pessoas que recebem um chamado de Deus sabem reconhecê-lo. Uma vez que se rendam de coração à vontade de Deus, nada mais as satisfará, a não ser realizá-la.

Um alerta: Se você parece possuir dons para o pastorado, mas não se sente chamado para um ministério em tempo integral, dedique-se à sua igreja e use seus dons para a glória de Deus, porém jamais tente apascentar a igreja ou assumir o papel informal de co-pastor. Homens fiéis e talentosos que se consideram "quase pastores" podem ser de grande auxílio ou um grande estorvo em uma igreja local. Podem ser muito úteis ao ministério, se respeitarem o chamado divino de seus pastores. Caso decidam ignorar a autoridade pastoral, podem criar problemas intermináveis, principalmente se acreditarem que são mais capacitados que o pastor chamado por Deus.

Um último conselho: Leve o tempo que for necessário para discernir a vontade de Deus. Isso não implica adiamentos e desculpas, pois uma atitude assim indicaria medo e indecisão. Empregue mais tempo na oração e na leitura da Palavra. Alguns dos maiores pregadores da História deliberaram sobre o chamado divino enquanto se ocupavam em outras atividades. G. Campbell Morgan lecionava em uma escola para meninos e passava seu tempo livre ganhando almas perdidas. Enquanto buscava a orientação de Deus para sua vida, George Morrison trabalhou na equipe editorial do afamado dicionário de inglês Oxford. Ao desempenhar de maneira obediente as tarefas cotidianas da vida, você certamente ouvirá a voz de Deus e saberá que caminho seguir.

Uma vez seguro de meu chamado, o que fazer em seguida?

Se você ainda não exerce seus dons espirituais na igreja local, mãos à obra! Em 1 Timóteo 3.6, vemos um alerta para que o pastor não seja "neófito". Essa passagem indica que, sob a supervisão dos líderes na igreja, os candidatos ao ministério precisam passar algum tempo amadurecendo espiritualmente. Os diáconos devem ser "primeiro provados" (1 Tm 3.10), e esta política também é válida para candidatos ao ministério.

Em geral, Deus prova a fidelidade de seus servos nas pequenas coisas antes de lhes dar autoridade sobre algo maior (Mt 25.21). Muita responsabilidade, outorgada cedo demais, pode levar a muitos problemas que só são descobertos demasiadamente tarde. Spurgeon começou como professor na Escola Dominical. Certo domingo, foi convidado para pregar a todo o grupo, pois o líder não se encontrava. Tal foi seu êxito que, após algum tempo, assumiu a direção da escola. Como

Spurgeon foi fiel no trato de seu pequeno rebanho em Waterbeach, Cambridge, Deus lhe concedeu um grande ministério em Londres. Pessoas que não são fiéis nas pequenas tarefas jamais terão a oportunidade de provar sua fidelidade em tarefas maiores. Comece onde você está. Faça o que deve ser feito e Deus preparará seu caminho.

Talvez os líderes de sua igreja o autorizem a pregar. Ser autorizado a pregar está para a ordenação assim como o anel de noivado está para o casamento: este pode ser um primeiro passo, mas pode ser cancelado. Paulo alerta os líderes: "A ninguém imponhas precipitadamente as mãos..." (1 Tm 5.22) Antes que a igreja imponha as mãos sobre você para ordená-lo, assegure-se de que Deus lhe impôs as mãos para que lhe sirva por toda sua vida (Fp 3.12-14). Melhor ser paciente e caminhar com segurança que ser impetuoso e acabar envergonhado.

Comece a orar e planejar uma formação especializada. Seu pastor e outros cristãos experientes podem orientá-lo quanto às escolas disponíveis. Por favor, não use a velha desculpa de que muitos pregadores formidáveis jamais adquiriram uma educação formal! Charles Spurgeon, Dwight L. Moody, H. A. Ironside e G. Campbell Morgan jamais estudaram para o pastorado, porém dois deles fundaram escolas para formar pregadores e os outros dois foram catedráticos. Eles conheciam a importância da educação. Se você for um Spurgeon ou um Ironside, as pessoas rapidamente o reconhecerão; até lá, planeje sua formação.

Cuidado com os ataques do Diabo durante esse tempo de espera; com freqüência, ele usa outros cristãos para desanimar o aspirante a pregador. Portanto, atenha-se à Palavra e à oração. Dedique-se a Cristo, seja disciplinado, mantenha-se ocupado. Firme-se em Provérbios 3.5,6 e Salmos 37.3-5.

O QUE VEM A SER "FORMAÇÃO ADEQUADA" PARA O MINISTÉRIO?

Deus tem muitas formas de preparar seus servos e jamais devemos questionar ou menosprezar seus métodos. O Senhor tem um propósito especial para cada um de seus obreiros e somente Ele sabe como preparar suas ferramentas. Fixe seus olhos no Senhor, não em outros cristãos, e deixe que Deus leve a efeito aquilo que tem preparado para sua vida.

Há mais de uma preparação para o ministério. Há, por exemplo, a *formação geral*, que se dá na vida diária. Paulo fabricava tendas, Pedro e Tiago eram pescadores, e cada um desses homens aprendeu muito sobre a vida e as pessoas com o exercício da profissão. Muitas lições práticas são aprendidas na empresa ou no escritório, portanto, nunca despreze suas horas de trabalho. Feliz é o pastor que, por experiência, aprendeu o que significa ser cristão no dia-a-dia do mercado.

Hoje em dia, existe a tendência de se levantarem pastores a partir da congregação, o que tem funcionado bem em muitas igrejas. As pessoas chamadas já conhecem a igreja e seus membros, além de não precisarem mudar de uma cidade para a outra. De qualquer maneira, é bom que a igreja ofereça um programa de educação continuada, para que essa equipe pastoral possa ter a necessária formação específica.

Naturalmente, há a *formação vocacional*, que inclui estudar a Palavra, adquirir um conhecimento prático dos idiomas utilizados na Bíblia e compreender a doutrina bíblica e a história da igreja. O treinamento prático no serviço cristão é essencial. Estar "apto para ensinar" (1 Tm 3.2) é uma importante qualificação para o ministério e implica que a pessoa esteja "apta para aprender". Antes de podermos dar, precisamos receber. Pessoas que não aprendem a estudar jamais realizarão tudo o que Deus quer para elas no ministério (Ed 7.6,10).

Quando se trata de educação formal, são duas as principais opções disponíveis. Com o Senhor, é preciso decidir o que é melhor para você. Você pode passar quatro anos em uma faculdade teológica ou em um instituto bíblico reconhecido, indo então para um seminário; ou pode se formar em uma universidade secular e em seguida ingressar no seminário. Caso você opte pela segunda opção, as melhores alternativas são História, Letras ou Filosofia. Algumas pessoas podem sentir a necessidade de uma formação mais ampla, porém cuidado a fim de não usar a faculdade para escapar às realidades do ministério. Não é difícil soterrar o chamado divino sob uma pilha de diplomas. Se sua área de formação é em ciências exatas ou biológicas, não pense que isso o desqualifica para o ministério; tudo que você estuda é útil no serviço do Senhor.

Independente do curso escolhido, certifique-se de que, ao se formar, você sabia como utilizar as ferramentas básicas do ministério. Um conhecimento prático das Escrituras é fundamental. Tente adquirir conhecimentos básicos sobre os idiomas usados na composição da Bíblia, ainda que haja muitas ferramentas úteis para a compreensão dos textos. Bons cursos de Homilética são essenciais para aprender a preparar e apresentar mensagens organizadas a partir da Palavra. Cursos básicos de Teologia o ajudarão a identificar uma heresia de imediato e evitarão que você se confunda durante a pregação. História e filosofia podem ser matérias árduas, mas podem lhe dar perspectiva e profundidade.

Você deverá estudar ao longo de toda sua vida. Tudo que um pastor vivencia ou lê pode se tornar parte do tesouro espiritual a que ele recorre na obra do Senhor. Você deve se especializar na Bíblia, mas também ler outros livros, tanto seculares como religiosos. "Leia" também a *natureza* e o *homem*. Ao viver e aprender, busque os lugares "onde a verdade toca a vida" (Phillips Brooks) e encontrará o alimento espiritual de que precisa para sustentar seu rebanho.

Em resumo: confie em Deus para guiá-lo ao curso que melhor o preparará para a obra que Ele o chamou a realizar. Enquanto estiver lá, dedique-se aos estudos, pois jamais voltará a ter a mesma oportunidade para se preparar. Não considere a educação formal como um parêntese ou um desvio em sua vida, mas como parte de sua obediência à vontade de Deus. Instrução é mordomia. Sendo um bom estudante, você ministra a Deus da mesma forma que sendo um bom pregador, portanto seja fiel. Em algum momento, pode acontecer de você ser tentado a desistir dos estudos e assumir o trabalho. Resista a essa tentação! W. B. Riley explica muito bem isso: "Se suas atividades acadêmicas o tornarem um estudante, uma das formações essenciais para a pregação foi alcançada. Se você sair da faculdade sem amor pelos estudos, sua educação formal terá pouco valor".[1]

Deus chama para o ministério em caráter permanente?

"Ninguém que lança mão do arado e olha para trás é apto para o Reino de Deus" (Lc 9.62). A Bíblia inteira enfatiza um chamado permanente. Por favor, não abrace o ministério com reservas ou intenções veladas. Não é sábio pedir a Deus que acrescente uma cláusula de rescisão ao contrato. Um casal que se une em matrimônio dizendo: "Bem, se não funcionar, podemos nos divorciar", está procurando problemas. O mesmo serve para o pastor que fala consigo mesmo: "Se não der certo, posso procurar um outro emprego". A não ser que você seja um mercenário, ministério é vocação, e não emprego (Jo 10.11-13). "Porque os dons e a vocação de Deus *são* sem arrependimento" (Rm 11.29). Pessoas que são chamadas, mas tentam fugir, a exemplo de Jonas, descobrem que não há onde se esconder.

Isso não significa que Deus não possa mudar o âmbito do ministério de um servo. Muitos pastores fiéis já foram deslocados da igreja local para o magistério, trabalhos missionários, ensino bíblico ou responsabilidades denominacionais. Algumas vezes, uma crise no lar exige mudanças no ministério. Alguns pastores precisaram alterar sua atuação ministerial para cuidar de uma esposa enferma ou de pais idosos.

Todo servo de Deus, em algum momento, sentiu-se pessoalmente inapto ao trabalho ministerial. "Não se passa nem um dia", escreveu o grande Marcus Dods em seu diário, "sem que me sinta bastante tentado a desistir, em virtude de eu não ser adequado para o trabalho pastoral. Escrever sermões é com freqüência a parte mais difícil. Visitar é terrível." Mesmo assim, Dods tornou-se uma grande força nas mãos de Deus; ainda hoje, seus livros são lidos e aproveitados por muitos pastores.

Se a depressão o acometer e você sentir vontade de desistir, não o faça. Ele o chamou, está com você e o usará para realizar os seus propósitos. Tenha momentos de intimidade com Deus; em vez de se afastar de suas tarefas, reafirme seu compromisso e volte ao trabalho. "Tendo por certo isto mesmo: que aquele que em vós começou a boa obra a aperfeiçoará até ao Dia de Jesus Cristo" (Fp 1.6).

PESSOAS MAIS IDOSAS DEVEM CONSIDERAR UM CHAMADO PARA O MINISTÉRIO?

Por que não? Não parece haver muitos indícios de que o chamado de Deus venha somente para os jovens. Amós e Moisés assumiram suas vocações quando Deus os chamou para pregar. Aliás, os mais velhos possuem vantagens que candidatos mais jovens podem não ter: experiência de vida, propósitos firmes, uma maturidade que não pode ser conferida pela educação formal, senso de valores e de perspectiva, e uma profunda compreensão da natureza humana. Muitos professores afirmam que os estudantes mais velhos se saem bem melhor que os mais jovens, pelo fato de precisarem se esforçar mais.

Como é de se esperar, os candidatos de mais idade têm de superar alguns problemas específicos: o alto custo de reiniciar uma carreira na meia-idade, a premência do tempo, a necessidade de certa segurança financeira, a dificuldade de voltar a estudar e ter de freqüentar aulas com pessoas mais jovens, o trauma da mudança de residência e da perda de antigas raízes. Contudo, esses supostos obstáculos podem se transformar em verdadeiros degraus para a pessoa que crê em Deus. O importante não é a idade, mas a disposição de obedecer a Deus a qualquer custo. Atualmente, cada vez mais pessoas são chamadas para o ministério na meia-idade, sendo obrigadas a fazer correções de curso. Não pense que é o único nessa mudança de rumo.

Em muitos aspectos, idade não passa de um estado de espírito. Cultive uma perspectiva de fé em relação à vida, e sempre será jovem de coração e espírito. Certa vez li o seguinte provérbio: "Envelhecer é apenas um mau hábito que pessoas ocupadas não têm tempo de adquirir".

Qual o papel da esposa no chamado ministerial?

Um papel de extrema importância! A esposa deve ser uma ajudadora, e não um impedimento. Um Deus soberano, ciente de que chamará tal pessoa para o ministério, irá conduzi-lo a escolher uma esposa que seja uma adjutora, cordata e incentivadora. As agruras do ministério já são por demais difíceis para que se acrescente o fardo de um lar dividido. Se um casal de noivos não concorda quanto ao chamado para o ministério, é melhor que o noivado seja interrompido. Ambos devem orar pela orientação de Deus e esperar até que haja paz e segurança em seus corações. "Andarão dois juntos, se não estiverem de acordo?" (Am 3.3)

Quando o casal já se uniu em matrimônio, a questão fica mais complicada, mas se a esposa for uma boa dona de casa e uma companheira carinhosa, não haverá problema algum. A esposa do pastor é, antes de tudo, uma guardiã do lar; ela não precisa ser uma hábil anfitriã, uma instrumentista talentosa ou uma professora competente. Se puder manter o lar em seu curso, de modo que o marido possa cumprir suas obrigações ministeriais, terá cumprido sua mais importante função. Quando a esposa sente um chamado para o ministério, o assunto deve ser discutido com o marido — talvez até com a ajuda de um conselheiro — de maneira que formem uma equipe, em vez de competirem entre si.

Antes de definir se foi de fato chamada para o ministério, a esposa deve conversar e orar com uma serva mais experiente. Deverá haver concordância e harmonia no lar. Aliás, isso vale para todo e qualquer lar cristão e não apenas para lares de obreiros integralmente comprometidos. Assim, se o chamado para o ministério causar reações violentas no casamento, algo pode estar errado em suas estruturas básicas. Melhor que essas coisas sejam trabalhadas de forma carinhosa e paciente, antes que muitas mudanças sejam feitas, de preferência sob a orientação de um pastor experiente. Um casal deve também levar os filhos em consideração (1 Tm 5.8) e não transtornar o lar. Deus não costuma destruir algo para edificar outra coisa por cima.

Quando os votos matrimoniais precedem os da ordenação, a imposição de mãos não cancela automaticamente o primeiro compromisso. Se marido e mulher sentem que casaram segundo a vontade de Deus, devem então esperar até estarem seguros de que o chamado para o ministério é do Senhor. Concluir que um ministério em tempo integral é impossível significa limitar a graça e o poder de Deus. Em especial, é importante que as crianças envolvidas se preparem para o que será uma mudança radical. Com o passar do tempo e conselhos sábios, os problemas podem ser suavizados. Se ainda assim não houver acordo, o casal deve preservar o casamento e utilizar seus dons na igreja local. Davi quis erguer um templo para o Senhor, mas Deus deu essa tarefa a seu filho, Salomão. As palavras de Deus para Davi servem de alento para todos nós: "Porquanto tiveste no teu coração o edificar uma casa ao meu nome, bem fizeste, de ter isso no teu coração" (2 Cr 6.8).

Sou um ministro "afastado". Como posso voltar ao ministério?

Após muita reflexão e oração, comece a se aconselhar com um pastor que você conheça e em quem confie. Algumas das perguntas que deve responder com toda a sinceridade são: Por que me afastei? Os problemas foram resolvidos? Estou agora sob as bênçãos de Deus, de modo que Ele possa voltar a me usar? Já tomei as providências necessárias para solucionar os males que causei? Antes de voltar a apascentar, há alguma fraqueza de caráter que precise ser enfrentada? Como minha esposa vê a situação?

João Marcos afastou-se do ministério, mas Deus o restaurou e o utilizou de forma grandiosa. Até mesmo o apóstolo Paulo teve de mudar sua opinião sobre Marcos (At 15.36-41; Cl 4.10; 2 Tm 4.11). Tanto Jonas como Pedro falharam em seu chamado, porém Deus lhes perdoou e os restaurou. "[O oleiro] tornou a fazer dele outro vaso" (Jr 18.4).

Apóie-se na Palavra de Deus, não na opinião de homens. Davi expressou uma grande verdade quando, após ter pecado, disse: "... caia eu, pois, nas mãos do SENHOR, porque são muitíssimas as suas misericórdias, mas que eu não caia nas mãos dos homens" (1 Cr 21.13). Algumas vezes, a reação de pastores diante de sua situação pode ser condenadora e desmoralizante, mas Deus prometeu perdoar (1 Jo 1.9) e restaurar a comunhão e a bênção daqueles que se arrependem. Descanse nas promessas do Senhor!

Não abrace a primeira oportunidade ministerial que aparecer em seu caminho. Certifique-se de estar servindo no lugar que Deus escolheu para você. Não se pode permitir um outro fracasso. Talvez trabalhar com um pastor mais experiente durante algum tempo possa ajudar na transição de volta para o ministério. "Vigiai e orai!" O objetivo de Satanás é derrotar e destruir todos nós. Não é necessário considerar a possibilidade de um novo fracasso, pois uma atitude derrotista assegura um revés, mas é preciso se ater a 1 Coríntios 10.12.

Nota

[1] *The Preacher and His Preaching*. Wheaton, Illinois: Sword of the Lord, 1948, p. 21.

Capítulo Dois

O CHAMADO PARA UMA IGREJA

Que passos devo tomar ao buscar um lugar para meu ministério?

Em Efésios 2.10, vemos que Deus nos prepara para aquilo que planejou em nossa vida; portanto, se somos chamados pelo Senhor, Ele certamente separou-nos um lugar onde teremos êxito no ministério. A maioria dos pastores começa em locais menores. Após algum tempo, Deus os leva a ministérios mais amplos. Us Poucos são chamados para esferas maiores logo no início, mas não é assim que Deus costuma proceder (Mt 25.21). Começamos como servos de um número pequeno de pessoas. Se formos fiéis, Deus amplia o âmbito de nosso ministério.

Partimos do princípio de que, durante seus anos de formação, você já vem servindo ao Senhor de alguma forma. Além disso, consideramos que, a partir dessa experiência, você descobriu e desenvolveu seus dons e habilidades. "Conhece-te a ti mesmo" é uma advertência de grande importância para todo ministro da Palavra que não quer se ver no lugar errado e na atividade errada.

Cultive um coração servil e esteja sempre disponível. Jamais considere qualquer oportunidade ou função como sendo indigna ou insignificante. Há um adágio popular que bem expressa essa verdade: "Faça com que cada momento seja especial, pois é impossível saber quando se está sendo avaliado para algo maior". Pessoas orgulhosas demais para pregar em congregações pequenas jamais ministrarão com sucesso diante de grandes igrejas. Josué começou como servo de Moisés. Davi matou o leão sem que ninguém visse, antes que Deus lhe permitisse aniquilar o gigante em público. Se você teve um chamado e está preparado, continue se esforçando e confie em Deus até que lhe abra a porta certa.

Seria providencial trabalhar por um ou dois anos com um pastor mais experiente; não para imitá-lo, mas para aprender e confirmar seu chamado. A atuação de um co-pastor pode não ter o *glamour* de apascentar seu próprio rebanho, mas efetivamente traz diversas vantagens. Um ministro experiente poderá ensiná-lo e resguardá-lo quando você cometer erros. Um esquema assim também é vantajoso para sua família, à medida que propicia uma adaptação gradativa ao trabalho pastoral. Durante poucos anos como co-pastor, você pode desenvolver seus hábitos de estudo e habilidades pastorais. Ao assistir às reuniões administrativas, você pode aprender muito sobre a atuação da liderança da igreja. Se o pastor-presidente permitir sua presença nas reuniões do conselho, mantenha sempre sigilo sobre os assuntos tratados.

Caso não se abra de imediato nenhuma porta para seu ministério, não desista. Marcus Dods, o grande estudioso da Bíblia já mencionado, esperou por seis anos até que uma igreja o chamasse. Nesse meio tempo, atuou como pregador convidado, estudou, preparou mensagens e esperou o tempo de Deus. Quando a porta finalmente se abriu, o resto de sua vida foi marcado por um ministério extremamente fecundo.

Algumas vezes, Deus utiliza as outras pessoas para nos orientar conforme sua vontade. Conte a alguns de seus amigos pastores que você está aberto às orientações de Deus e pode ser que receba algumas sugestões. Quando as igrejas estão à procura de um pastor, freqüentemente ligam para outros pastores. Embora não devamos contar com meios humanos, podemos permitir que Deus use outros crentes para nos orientar.

O pior que você pode fazer é se promover e exercer pressão para conseguir algum púlpito que escolheu. Politicagem denominacional para assegurar seu chamado é prova cabal de que não confia nas promessas de Deus e no poder da oração. Uma vida de fé não permite que você se envolva em maquinações — quanto antes o pastor compreender isso, melhor. Neemias "[orou] ao Deus dos céus e disse ao rei" (Ne 2.4,5) — eis a ordem correta. Se você andar com Deus, ele o guiará aos amigos certos e ao lugar que separou para que você exerça o ministério.

Essas sugestões se aplicam basicamente a pastores de denominações em que as igrejas locais são livres para escolher seus próprios ministros. Aqueles que pertencem a denominações que funcionam de outra forma não verão grande auxílio nessas sugestões. Nossa própria experiência diz respeito à tradição independente e não nos sentiríamos seguros em aconselhar à parte de nossa vivência.

O que devemos fazer ao sermos entrevistados por uma comissão pastoral?

Em geral, os membros da comissão já o ouviram pregar, logo você não é um completo estranho para eles. Provavelmente, já puderam também estudar seu currículo. Compareça à reunião de coração aberto, sem reservas, e peça a Deus para orientá-lo e dar-lhe sabedoria (Tg 1.5). Decida-se por ser uma bênção e tudo irá bem.

Como não podia deixar de ser, o encontro tem por objetivo permitir que os líderes da igreja se familiarizem com você, ao mesmo tempo em que lhe permite conhecer melhor a igreja, seus líderes e o ministério. Eis algumas diretrizes a serem seguidas.

Antes da reunião

O marido e a esposa devem ler todo o material disponível sobre a igreja, sua história e seus programas. Especialmente instrutivos são a constituição e os regulamentos da igreja, assim como as cópias dos últimos orçamentos e relatórios anuais. Caso não haja relatórios disponíveis, anote o que deseja perguntar a respeito de questões financeiras. Levar consigo um conjunto de perguntas relevantes ajudará a manter o foco da reunião e poupará bastante tempo e energia. Com certeza, convém que o coordenador da reunião tenha uma agenda definida, mas nem todo coordenador sabe disso. Melhor estar preparado.

Durante a reunião

A comissão vai querer ouvir seu testemunho pessoal e quaisquer relatos disponíveis sobre seu ministério. Podem lhe pedir referências, então leve uma lista de nomes e endereços. Ouça cada pergunta com atenção e cordialidade cristã, ainda que a pergunta pareça rude ou depreciativa. Esse primeiro contato com o conselho da igreja deve ser de alto nível, pois, caso assuma a posição de pastor, você já teve um bom começo. Não deixe de abordar todas as áreas e não se acanhe ao falar sobre a parte financeira. Anote tudo! Isso evitará qualquer mal-entendido ou constrangimento posterior. Peça explicações sobre todas as questões do ministério que não tenham ficado claras — você tem todo o direito de saber detalhes sobre a situação da igreja.

Nessa primeira reunião, não tome nenhuma decisão impetuosa sobre aceitar ou rejeitar o convite. Assegure-se de deixar o encontro com uma atitude saudável e agradeça aos membros da comissão pelo tempo e ajuda dispensados.

Após a reunião

Cabe à comissão lhe enviar um parecer por escrito, seja para convidá-lo a considerar a igreja ou informá-lo de que continuarão a procurar. É terrível quando os comitês são desatenciosos a ponto de não informarem ao candidato sobre o que decidiram.

Caso o convidem a pastorear a igreja, é sábio voltar e pregar algumas vezes, levando mais algum tempo para conhecer as pessoas e refletir sobre a situação. "Aquele que crer não se apresse" (Is 28.16). Certifique-se de que todos os detalhes a respeito do convite sejam pormenorizados em uma carta formal: salário, moradia, despesas com mudança (que a igreja deverá pagar), responsabilidades, período de férias. Melhor esclarecer esses pontos logo no início que discutir a respeito mais tarde.

Com certeza, você deverá passar bastante tempo em oração, buscando o conselho do Senhor. Não hesite em contatar o coordenador da comissão, caso precise falar sobre qualquer questão.

Mesmo que não o convidem, a experiência pode lhe trazer crescimento espiritual e outras portas se abrirão. Não fique ressentido, as pessoas podem levar algum tempo para notar o quanto somos talentosos! Continue a orar pela igreja, para que Deus envie um pastor que lhes agrade.

Talvez seja pertinente relacionar algumas atitudes que não devem ser praticadas:

- ↘ Não estenda nem abrevie qualquer discussão. Atenha-se ao essencial.
- ↘ Não entre em discussões com o comitê. Se os membros não forem bíblicos

em algum assunto, explique sua posição com carinho, mas não transforme a reunião em um debate.

- Não espere que tudo seja perfeito. Igrejas são feitas de pessoas, e estas são humanas e falíveis. O mesmo vale para pregadores! Somente Deus é infalível.
- Não faça críticas à igreja, aos serviços oferecidos ou às instalações. Aquelas pessoas amam sua igreja e você também deverá amá-la, com defeito e tudo.
- Não se ofenda ao ser considerado um principiante. Alguns membros da comissão já estão ativos há bastante tempo e já entrevistaram muitos candidatos ao pastorado. Se não reconhecerem de pronto sua maturidade, seja paciente. Se os dons existem, Deus os fará conhecidos no tempo certo.
- Não cometa o erro de pensar que todas as comissões pastorais são iguais. Você se deparará com ministérios cautelosos, temerosos de dar um passo por fé; alguns desunidos, que não sabem que tipo de pastor a igreja precisa; e outros esgotados, dispostos a chamar o primeiro candidato que aparecer. Vá com calma, sinta a atmosfera da reunião e sairá se sentindo em paz.

Acredite que Deus usará as pessoas no comitê e lhe dará toda a orientação de que precisar. Os membros cometerão erros, demonstrarão preconceitos e até mesmo ignorância, mas Deus ainda está no trono e sua confiança deve estar posta sobre Ele. É possível que voltem a falar com você após entrevistar outros candidatos, mas não fique na expectativa. Continue servindo e confie em Deus para que Ele concretize em sua vida o plano perfeito para você. O tempo de Deus é sempre perfeito e os nossos "tempos estão nas... mãos [dEle]" (Sl 31.15).

Como posso saber se Deus me chamou como ministro para uma congregação específica?

Nos primeiros contatos com a congregação escolhida por Deus, Ele poderá colocar em seu coração a convicção de que você "pertence" àquele povo. Já ouvi de vários candidatos: "Senti-me como se pertencesse àquela igreja desde que nasci". Seu coração ficará em paz e, ao orar, sua convicção se tornará ainda mais profunda. Você se sentirá responsável pelo ministério e ansioso por participar. Caso seja oriundo de outra congregação, sentir-se-á mais aliviado de suas antigas responsabilidades e cada vez mais responsável pelo novo ministério. Isso pode ocorrer após algum tempo ou de uma hora para a outra. Em geral, há um período de adaptação quando Deus afasta o pastor e a família de uma igreja e os leva para outro ministério. Lembre-se: você não deixa um lugar para trás, você vai para um novo lugar.

As possibilidades — e até mesmo os problemas do potencial pastorado — o instigarão. O fato de existirem graves dificuldades não é motivo para abandonar o trabalho (Tt 1.5) ou evitá-lo. Para assumir como pastor, você não precisa estar totalmente de acordo com a organização ou estrutura de uma igreja; deve, no entanto, concordar em questões doutrinárias. Deus pode tê-lo chamado para pôr algo em ordem no devido tempo.

A maioria dos pastores gosta de conversar a respeito de tais decisões com pastores amigos, por quem sentem amor e em quem têm confiança, mas não fale sobre isso com muitas pessoas. Converse acerca de suas decisões com seus confidentes e busquem juntos a orientação de Deus. Não raro, outros cristãos que nos conhecem e amam ratificam a orientação que Deus coloca em nosso coração.

Jamais aceite ficar em uma igreja apenas porque não há para onde ir ou porque está com problemas em seu ministério atual. Problemas pendentes costumam vir à tona no novo ministério. Ministros que pulam de igreja em igreja jamais desenvolvem um ministério maduro, pois insistem em fugir de cada desafio que pode ajudá-los a crescer. Pastores que se mudam em virtude de problemas na igreja em que estão são como adolescentes que se casam, abandonam o lar e descobrem problemas ainda maiores nos lugares aonde vão.

Grandes decisões como essas são muitas vezes tomadas com base nas pequenas decisões do dia-a-dia, portanto cultive uma vida de intimidade com Deus e Ele lhe mostrará sua vontade.

Devo aceitar um convite sem que a votação tenha sido unânime?

Lamentavelmente, algumas igrejas não têm a palavra "unânime" em seu vocabulário. Aliás, muitas igrejas (triste dizer) possuem alguns dedicados obstrucionistas entre seus membros, cujo único propósito na vida é impedir que qualquer coisa seja votada de forma unânime.

Sua decisão deve levar em consideração o número de votos contra. A sabedoria prescreve que é preciso uma confortável maioria para se trabalhar, porém opositores são apenas mais um desafio para o verdadeiro servo de Deus. Na verdade, algumas pessoas que o aprovam no início podem se virar contra você em pouco tempo, enquanto outros que são oponentes podem se tornar seus mais fiéis colaboradores. Se os votos contrários forem poucos, é possível aceitar o convite com segurança, conforme a vontade de Deus. No entanto, se houver uma minoria de bom tamanho e ruidosa, é melhor esperar.

Muitas igrejas realizam a votação e, se a maioria concorda com o convite, todos concordam de forma unânime. Esse é um procedimento padrão, mas deixa o novo pastor pensando que a igreja está unida quando pode não estar. Você tem o direito de saber se houve ou não muitos votos contrários.

Caso aceite o convite, não fique tentando descobrir como as pessoas votaram. Alguns lhe dirão: "Bem, eu votei contra você, então tome cuidado!" Trate todos com amabilidade, procurando ganhar o amor e a confiança de cada um. Apascente todos os fiéis e não apenas aqueles que o admiram. Chegará o dia em que terá a alegria de ver a igreja unida, inclusive as pessoas que votaram contra você.

Alguns pastores se sentem fracassados, a menos que a votação seja unânime. Adotando essa atitude, você perderá muito da alegria do ministério. Um pastor e seu rebanho devem seguir a orientação do Senhor e votar conforme aquilo que sentem. A decisão pertence à maioria e a minoria deve se opor sem ser desagradável. Caso esteja certa, a maior parte não deve adotar uma atitude de superioridade. Se a menor estiver certa, não deve dizer: "Nós avisamos!" Nessas situações, a atitude pessoal do pastor é fundamental para o progresso e a harmonia da igreja. Caso ele tome uma postura ditatorial, acabará por dividi-la; se demonstrar amor e paciência, irá uni-la.

Capítulo Três

O PASTOR EM UMA NOVA IGREJA

Como começar bem em um novo ministério?

Para começar, peça a Deus todos os dias que lhe dê um amor profundo por seu povo. Familiarize-se com ele: faça uma lista de oração e com fidelidade apresente os membros de sua igreja perante o trono da graça.

Conheça e entusiasme-se com o trabalho da igreja. Evite fazer críticas; toda história tem dois lados (ou mais), portanto não acredite em tudo que ouvir. Aprenda a apreciar as pessoas, as instalações e as tradições, ainda que mais tarde seja levado a fazer mudanças. Proceda cautelosamente com pessoas que claramente querem se tornar suas confidentes. Em poucos meses, podem se tornar suas inimigas. Tome muito cuidado com ex-membros que voltam à igreja e querem de imediato se tornar ativos. Busque primeiro os fatos e leve em conta que Tito 3.10 estabelece um limite para o número de vezes que uma pessoa pode se afastar furiosa e voltar com um sorriso.

À medida que for se habituando com o trabalho, faça uma lista de prioridades pessoais e das coisas importantes que gostaria de realizar. Não será possível fazer tudo de uma vez, mas algumas coisas, depois de concretizadas, tornarão mais fácil a realização de outras tarefas. Transforme sua lista de prioridades em uma lista de oração. Peça a Deus que lhe dê sabedoria, a fim de que compreenda a situação e saiba quando começar a agir.

Seja paciente. É surpreendente o que pode ser conseguido com paciência e oração. Alguns pastores acham que precisam realizar grandes obras nos primeiros meses do ministério, passando a *forçar* o rebanho em vez de *conduzi-lo*. Peça a Deus paciência e entendimento.

Tente evitar comparações entre seu novo ministério e aquele que você deixou. É difícil arar em linha reta quando se está olhando para trás. Cada situação é diferente porque o povo de Deus é sempre diferente. Os princípios do ministério nunca mudam, porém os métodos envolvidos se alteram de um lugar para o outro. Se você ficar sempre comparando uma igreja com a outra, poderá se tornar uma pessoa crítica. E um pastor crítico tem dificuldades para amar o povo e servir-lhe.

Visite os membros de sua igreja, principalmente os idosos, os enfermos e os líderes. Os mais idosos gostarão da atenção e seus entes queridos agradecerão o carinho. Essas pessoas podem vir a falecer em pouco tempo e é melhor conhecê-las antes de conduzir o funeral. Os membros enfermos e os seus amigos podem vir a ser os melhores parceiros de oração. Quanto aos líderes da igreja, é bom conhecer o lar de cada um, pois isso o ajudará a conhecê-los melhor. Você poderá ser mais paciente com um diácono se souber dos problemas que ele enfrenta em casa.

Pregue mensagens encorajadoras a partir de importantes trechos das Escrituras. Muitos preletores preferem ministrar ao longo de um livro ou numa seqüência programada de antemão. Esse procedimento desarma as críticas dos que o acusarem de pregar contra pecados específicos na igreja. Se surgirem tópicos controversos (por exemplo: divórcio ou discórdia), os críticos não poderão acusá-lo de selecionar assuntos para ter uma vantagem injusta no púlpito.

Aproveite o fato de ser novo no ministério para visitar o maior número de pessoas possível. "Sou o novo pastor da igreja" é uma chave que lhe abre portas por meses a fio, mas, após algum tempo, você terá de deixar isso de lado e adotar uma nova abordagem. Consulte o conselho da igreja sobre a visita a membros afastados. Evidentemente, visite os não-salvos e tente ganhá-los para Cristo. Isso pode incluir os pais de crianças que freqüentam a Escola Dominical. Um "pastor que visita" pode ser raro hoje em dia, e os especialistas ridicularizam o antigo provérbio que diz: "Um pastor que visita os lares significa um povo que vai à igreja", mas seu ministério no púlpito será mais pessoal se separar algum tempo para visitar os lares. A visitação pastoral é, às vezes, ignorada e até mesmo criticada por alguns pregadores; e reconhecemos o fato de que, hoje em dia, a visita pode não ser tão eficiente como há alguns anos, todavia ainda sentimos que os pastores podem aprender mais e fazer um trabalho melhor se familiarizando com seu povo.

"Familiarizar-se com o povo" não significa dar ouvidos a toda sorte de críticas contra ex-pastores e outros membros da igreja. Voltamos a repetir: não acredite em tudo o que ouvir. Aliás, quando as pessoas começarem a tecer julgamentos, peça com gentileza que parem. Com o tempo, ficarão sabendo que o novo pastor não gosta de fofocas; o que não quer dizer que se deva ignorar um cooperador de confiança que deseje alertá-lo sobre uma pessoa problemática. Da mesma forma, não se deve excluir pessoas com base no preconceito de alguns membros. Uma família que não tenha se identificado com o ministério do último pastor pode corresponder ao ouvir você pregar. Você ouvirá coisas boas e ruins sobre muitos irmãos. Não se comprometa. Permita que Deus o oriente e medite em Provérbios 18.13.

Respeito não se exige, merece-se. Seu rebanho quer amá-lo e segui-lo, mas precisa de tempo para conhecê-lo. Uma vez que você ganhe seu amor e respeito, eles se disporão a seguir sua liderança. Sem maior alarde, trabalhe ganhando os perdidos, organizando a obra, ensinando os santos e levando a igreja a ampliar os ministérios. No devido tempo, as bênçãos de Deus lhe trarão o respeito e a cooperação que você merece.

Planeje ficar. Seu desejo de ficar, a despeito dos lapsos (seus e deles), fará com que seja amado por eles. Faça-os saber que deseja realizar uma obra sólida na igreja e não apenas visitá-los por mais ou menos um ano, "até que apareça algo melhor".

Ore regular e nominalmente por cada um de seus colaboradores. Peça a Deus que os torne espirituais. Em particular, conte-lhes que ora por eles e pergunte sobre possíveis necessidades pessoais.

Quando aparecer o primeiro problema, enfrente-o e lide com ele como se já estivesse na igreja há dez anos. Seja gentil, amoroso e obedeça à Palavra de Deus. Sua primeira atuação em determinado contexto determinará sua forma de agir nas próximas vezes. Quando o rebanho perceber que você leva a Palavra de Deus com seriedade, a maioria demonstrará apreço e cooperará; outros ficarão melindrados ou se afastarão.

À medida que seus planos se consolidarem, discuta-os em particular com seus líderes. Eles têm o direito de saber onde você está levando a igreja. Não os pressione a fim de apressá-los em suas funções, pois pessoas sob pressão, em geral, reagem de forma negativa. Em vez disso, mantenha um espírito sereno — onde há serenidade e senso de orientação, as pessoas correspondem de modo positivo.

Leva tempo para se construir uma igreja espiritual, portanto não fique decepcionado se as coisas não mudarem do dia para a noite. Normalmente, o que começa bem acaba bem, então fique atento ao início de tudo.

Em seu primeiro ano, evite sair de perto da igreja. Após ter firmado seu ministério, você terá a oportunidade de pregar em outros lugares de vez em quando, mas não se torne um pregador visitante em seu próprio púlpito.

Procure conhecer os outros pastores de sua região. Com alguns deles você tecerá amizade sólida, que perdurará mesmo após deixar aquela área. Seja amistoso com todos, mesmo com aqueles de quem você discorda. Você pode não os querer em seu púlpito, porém não os exclua de suas orações e de seu círculo de amizades.

Sinto que Deus me chamou para uma determinada igreja, mas algumas características do trabalho precisam desesperadamente de mudanças. Como devo realizar tais mudanças?

Pastores que, antes de aceitar um convite, sentem-se obrigados a concordar com tudo no programa da igreja estão fadados à decepção e ao fracasso no ministério. É óbvio que deve haver concordância quanto aos fundamentos doutrinários e administrativos, mas não é necessário sentirmos que, para Deus abençoar, tudo deve ser feito do nosso jeito. Vários pastores, mesmo após muitos anos de um ministério abençoado, lhe dirão que determinadas situações e políticas continuam as mesmas.

Um agente de mudanças bem-sucedido deve ter autoridade, prestígio, estratégia, fé e paciência. Ao convidá-lo e empossá-lo como pastor, a igreja lhe deu todo o poder de decisão, mas ministrar apenas com base nisso é *forçar* o rebanho, não *conduzi-lo*; e quando uma ovelha se sente obrigada, fica com medo e foge. A autoridade de líder lhe foi *outorgada*, mas o *prestígio* é algo que se conquista agindo como servo e ganhando o coração do seu rebanho. Phillips Brooks estava correto ao afirmar que o ministro deve ser um pregador, para ter autoridade, e pastor, para despertar simpatia. O pastor amoroso, após algum tempo, conquista o prestígio necessário para conduzir o rebanho com sucesso.

Comece criando uma atmosfera de amor e confiança. Isso exige tempo, oração e grande sacrifício. Se você for um servo do povo por amor a Jesus, logo assumirá a liderança. Como dito anteriormente, respeito não se exige, conquista-se. Merecer respeito implica amor, tempo e algum sofrimento.

Forme sua estratégia conforme a orientação de Deus. Sem estratégia, você não sabe aonde está indo, nem como reagir à oposição que com certeza virá. Faça distinção entre o que é apenas um capricho do seu coração e as verdadeiras necessidades da igreja. Se forem feitas alterações apenas para agradar-lhe, você estará sendo egoísta e tacanho. Mudanças devem ser realizadas com o objetivo de enriquecer espiritualmente a igreja e aprimorar o ministério da congregação. Mudar por mudar é mera decoração e, sobre superficialidades, não se pode estabelecer uma obra sólida. Você também não pode se permitir fazer experiências a todo instante. Como já dissemos, faça uma lista de prioridades e oriente-se por ela. Modifique o mínimo possível e certifique-se de que são alterações fundamentais, não superficiais. Além disso, assegure-se de que são bíblicas.

Muitas vezes é boa política experimentar quaisquer mudanças durante um curto período. Se o teste funcionar, ótimo; caso contrário, não se perdeu nada. Em geral, as pessoas se dispõem a tentar algo novo, caso isso não as comprometa permanentemente. Somos criaturas falíveis e mesmo o líder mais devoto pode fazer a opção errada.

O momento certo é de extrema importância, logo, seja paciente. Procure "ordem em meio a mudanças e mudanças em meio à ordem" (Alfred North Whitehead). Lembre-se de que você está fazendo modificações para o bem do ministério e não para a glória do ministro.

Antes de mais nada, ganhe a confiança das pessoas. Apresente seus planos com "Seria conveniente" ou "Talvez devêssemos", em vez de "Vocês precisam" ou "Deus me disse", e cuidado para não dar a impressão de que está se impondo. Ovelhas alimentadas podem ser conduzidas, mas não gostam de ser forçadas.

Como o pastor se torna o líder da igreja?

Pastores se tornam líderes quando aceitam seu chamado com humildade e utilizam sua função para o bem dos outros e a glória de Deus. Não é a igreja que faz do pastor um líder, mas Deus (2 Co 4.5). O Senhor Jesus Cristo foi um grande pastor: "Depois de fazer sair todas as que lhe pertencem, vai adiante delas, e elas o seguem, porque lhe reconhecem a voz" (Jo 10.4 – ARA).

Leia 1 Pedro 5 e João 13.17 e deixe que esses princípios de liderança ardam em sua alma. Devemos liderar amando as pessoas e manifestando humildade, não exigindo o que queremos e forçando-as a obedecer. Devemos liderar por meio do exemplo que damos. Ouvimos falar de pastores que, na primeira reunião do conselho, anunciam que a constituição da igreja será posta de lado e que o pastor será a lei. Como costumava dizer o Dr. E. K. Bailei: "O próprio endereço é tudo que eles conseguem mudar". Os fariseus eram mais duros com o povo que consigo mesmos, mas isso não pode acontecer com um pastor do Novo Testamento. Antes de pregarmos, precisamos praticar o que pregamos.

Nossa liderança é exercida através da Palavra de Deus e da oração. Quando a ovelha é alimentada, sente-se feliz em seguir. Lideramos por meio do serviço sacrificial (leia Filipenses 2), pagando um preço. John Henry Jowett disse que o ministério que não custa nada não alcança nada. Ele estava certo.

Lideramos "a tempo e fora de tempo". Nas conversas amigáveis que tivermos com pessoas do rebanho, assim como nas reuniões do conselho, devemos demonstrar que somos confiáveis, que não brigamos e ouvimos os outros com atenção. Uma conversa casual com um irmão que você encontre no supermercado pode fazer mais diferença que o sermão do domingo seguinte, se o Senhor estiver nela!

Lideramos ao sermos compromissados e fiéis em nosso trabalho, aceitando cada vez mais responsabilidade e menos glória pelo que fazemos. Chegar cedo a cada compromisso, ter sempre um planejamento, elogiar quando devido e admitir erros porventura cometidos são formas de ganharmos o respeito do rebanho.

Nós, pastores, precisamos nos lembrar de que o rebanho teve outros tipos de experiência com os pastores anteriores. Algumas podem ter deixado feridas, e haverá membros que serão cautelosos ao aceitar e seguir um novo pastor. É aqui que entra o amor e a paciência.

Como podemos saber que estamos perto de alcançar a posição de liderança espiritual que desejamos?

Antes de tudo, o mecanismo da igreja trabalha mais rápido e sem percalços. A oposição não cessará (uma oposição leal possui seu papel no governo da congregação), mas deixará de ser uma ameaça. As pessoas estarão abertas às suas sugestões. É um bom sinal quando os membros se sentem livres para discordar do pastor e o fazem com o "espírito" certo. Você começará a se sentir mais à vontade com o trabalho administrativo da igreja, descobrirá uma nova compreensão dos corações e mentes de seus membros e se sentirá mais capaz de trabalhar com eles. Ao mesmo tempo, eles terão uma idéia mais clara dos seus planos e de seu estilo de liderança, e sentir-se-ão mais dispostos a ouvir e trabalhar com você.

O privilégio da liderança não deve, de modo algum, ser usado em vantagem própria; a autoridade deve ser sempre exercida para o bem da igreja e glória de Deus. "O chefe é servo de todos", diz um provérbio africano. Jesus disse: "Porém o maior dentre vós será vosso servo" (Mt 23.11). Conforme seus talentos para a liderança forem se desenvolvendo, você também ganhará novas oportunidades de exercê-la. Deus não quer que você e a igreja fiquem parados no mesmo lugar; por isso, com o aprimoramento ministerial, surgirão maiores oportunidades. Novas oportunidades trarão novas exigências, novos desafios e novos problemas, contudo isso é bem melhor que enfrentar sempre as mesmas situações, sem nada conseguir fazer. Se cada ata de reunião é uma cópia das anteriores, algo está extremamente errado. Igrejas de vanguarda, que estão sempre crescendo, enfrentam novos desafios e problemas.

Pare na biblioteca ou livraria mais próxima e dê uma olhada nos últimos livros sobre liderança executiva e temas correlatos. Algumas vezes, os filhos deste mundo são mais sábios nessas coisas que os filhos da luz, mas sempre equilibram a sabedoria divina com idéias humanas. O livro de Neemias mostra um verdadeiro líder em ação e 2 Coríntios traz vislumbres do coração de Paulo ao enfrentar e resolver problemas na igreja. Em Tiago 3.13—4.17, você poderá verificar os dois tipos de sabedoria que podem dirigir o trabalho de uma igreja local. Somente a sabedoria de Deus é aceitável.

Qual a importância do estatuto da igreja? Qual a melhor forma de se promoverem mudanças em um estatuto antiquado, que apóia um ministério em desarmonia com o que o Senhor quer realizar?

Todas as coisas devem ser feitas com ordem e decência. O principal propósito de um estatuto é assegurar a ordem. Muitas igrejas possuem figura jurídica e, por lei, é obrigatório que possuam um estatuto e um conjunto de estatutos, porém, ainda que não seja legalmente constituída, uma igreja precisa de diretrizes organizacionais, ou suas atividades se tornarão um caos.

Acredita-se que um bom estatuto faz uma boa igreja. Tenta-se cobrir todas as possíveis necessidades e acaba-se criando um monstro. O Estatuto é o trilho sobre o qual corre o trem, não o vapor dentro da caldeira. Um conhecido pastor, para aceitar o convite de uma famosa igreja, estabeleceu a condição de que deveriam "pôr o estatuto de lado durante um ano inteiro e utilizar somente a Bíblia para o governo da igreja". Um pastor comum não possui a estatura daquele homem, portanto é melhor aprender a conviver com as normas, até que as necessárias mudanças possam ser feitas.

O Estatuto não pode tornar a igreja mais espiritual, assim como os Dez Mandamentos não tornaram Israel espiritual. O legalismo é sempre um perigo, principalmente em grupos que buscam um padrão elevado para sua igreja. Ainda assim, acrescentar ou remover artigos do estatuto jamais irá transformá-la. Mudanças podem aperfeiçoar ou dificultar a sua organização, mas nunca mudar o coração do povo. Somente Deus, utilizando a Palavra, pode estimular a espiritualidade por intermédio do Espírito Santo.

Antes de aceitar uma igreja, não deixe de ler com atenção seu estatuto. Se discordar de alguns artigos, discuta-os abertamente com a comissão pastoral. Por vezes, é mais uma questão de interpretação que de princípio. Se Deus o levar a aceitar a igreja, conforme-se com o estatuto e respeite-o, mas comece a orar e planejar as alterações que achar importante. Todavia, antes de sugerir qualquer mudança, assegure-se de que ocupa uma posição de liderança e convide as pessoas a orar e refletir sobre o assunto. Se sua pregação e trabalho pastoral criaram uma atmosfera de amor e confiança, a igreja se disporá a levar suas idéias em consideração. Esteja pronto a respaldar suas sugestões na Palavra, mas não se espante ao encontrar alguns membros que consideram o estatuto tão inspirado quanto a Bíblia. Além disso, os membros da igreja, às vezes, têm a impressão de que os pastores mexem no estatuto apenas porque desejam mais poder, a fim de "tocar a igreja" a seu modo. Isso é por vezes verdade, mas no seu ministério não devia ser.

Se uma igreja está sempre votando novos dispositivos, os membros ficam decepcionados e fartos do assunto como um todo. Leve o tempo que for necessário para ler e assimilar toda a constituição, discuta com seus obreiros quais mudanças devem realmente ser feitas e cuide para que todas as sugestões sejam apresentadas de uma vez. Conduza todo o processo com sabedoria e não divida seu rebanho por questões sem importância. Se descobrir algo desagradável após assumir a igreja — algo que precisaria ter conhecido antes —, não descarregue sua raiva nela. Entregue o assunto a Deus, ore a respeito e, na hora certa, discuta-o com o conselho.

A despeito da forma de governo da igreja, o pastor deve ser o líder espiritual da congregação. Podemos ver tal orientação em 1 Pedro 5.1-3, Hebreus 13.7, 1 Tessalonicenses 5.12 e 1 Timóteo 3.5. Na organização da igreja, existem muitas áreas em que homens e mulheres talentosos podem exercer uma melhor liderança, mas o rebanho deve estar sob a orientação do pastor. Isso não significa que todas as reuniões devam ser presididas pelo pastor-presidente. Em nossa experiência ministerial, sempre em igrejas locais independentes, o pastor atua como moderador na maioria das reuniões, mas reconhecemos que um "leigo" talentoso poderia assumir essa função sem usurpar a autoridade ou as responsabilidades outorgadas por Deus ao pastor. Se você defende que o pastor precisa sempre estar à frente, e a igreja que o convidou trabalha de outra forma; você deve, a si e à igreja, um exame mais profundo da questão. Se não houver um entendimento mútuo, poderá gerar atritos constantes.

Não gosto de reuniões da comissão, mas sou obrigado a comparecer. Como posso desenvolver uma posição mais positiva quanto a essa parte de meu trabalho?

Não cometa o erro de considerar algumas partes de seu trabalho "espirituais" e outras "administrativas" ou "organizacionais", pois tal divisão não existe. Independente da reunião em que estiver — de oração ou administrativa — você estará apascentando a igreja. Se começar a vestir mais de um chapéu (pastor e administrador), acabará com dor em ambas as cabeças!

A igreja é uma organização, mas também um organismo. Se um organismo não for bem ordenado, ele morrerá. O exemplo de Paulo no livro de Atos e seus ensinamentos nas epístolas mostram que ele acreditava na organização interna das igrejas locais. Quando, no entanto, a estrutura (organização) se torna um fim em si mesma, em vez de um instrumento para alcançar outro fim, a igreja se torna institucional e começa a morrer. A organização está para a igreja assim como o andaime está para um prédio em construção: ela ajuda a realizar o serviço.

Em primeiro lugar, é preciso ter uma perspectiva correta de encontros que envolvam a administração da estrutura da igreja. Veja essas reuniões como uma oportunidade para apascentar seus líderes e ajudá-los a crescer espiritualmente. Nunca compareça a uma delas como se estivesse indo para o cadafalso. Participe na plenitude do Espírito e disposto a aplicar a Palavra de Deus em cada situação. Algumas vezes, a vida de um membro poderá ser mais tocada por suas palavras em uma reunião administrativa que por suas palavras no púlpito. As atividades da igreja são uma oportunidade para você pôr em prática o que prega — e talvez seja isso que as faça parecer tão terríveis.

Mantenha um relacionamento próximo com seus principais obreiros. Seu ministério pessoal junto a eles, como pastor e amigo, ajudará a criar um ambiente saudável nas reuniões públicas. Isso não significa que deva fazer "política" visando às reuniões administrativas, pois tal atitude não seria sensata. Você deve desenvolver um relacionamento amistoso e carinhoso com seus colaboradores, de modo que todos possam discutir os assuntos em pauta e até mesmo discordar, sem que se tornem inimigos.

Alguns pastores gostam de passar um dia no ambiente de trabalho de seus principais obreiros, apenas para compreender melhor o que eles fazem e enfrentam no dia-a-dia.

Dirigir uma reunião é uma arte que, infelizmente, muitos líderes da igreja jamais tiveram a oportunidade de aprender; portanto, ensine-os de forma gradativa. Faça-os lembrar de que uma boa reunião sempre começa na hora marcada, tem uma pauta preparada com antecedência, mantém o foco e termina na hora certa. "Um trabalho se estende pelo tempo que lhe for dedicado." Estabeleça um período de três horas para essa atividade, e os membros não encerrarão até o último minuto. Dê-lhes trinta minutos e, provavelmente, chegarão à mesma conclusão. Leva tempo, mas é possível ensinar aos líderes como conduzir uma reunião de forma eficiente e resolver tudo. Entretanto, a não ser que seja absolutamente necessário, jamais os advirta em público, aborde os problemas de cada um em particular — as pessoas apreciarão sua gentileza.

G. Campbel Morgan seguia uma política que prescrevia "um mínimo de organização para o máximo de trabalho". Vale a pena examinar a estrutura organizacional pelo menos uma vez por ano (algumas igrejas incluem isso na constituição), a fim de ver se alguns dos andaimes podem ser desmontados. Não se apresse em criar novas comissões; enquanto as estruturas existentes estiverem saudáveis e funcionais, use-as.

A oração lubrifica a estrutura da igreja. A experiência nos diz que reuniões administrativas se tornam menos freqüentes (e mais breves) à medida que a oração se intensifica. Procure sempre orar com seus líderes. Ore pelas necessidades específicas da congregação e por aquilo que você planeja para o futuro. Você ficará surpreso com o que o Espírito fará.

Leva tempo para o pastor se familiarizar com a estrutura da igreja. Da mesma forma, qualquer pastor leva tempo para desenvolver sua capacidade de liderança. Não permita que erros ou mágoas do passado o impeçam de desenvolver um ministério abençoado. Cuidado com aquele reflexo condicionado que muitos pastores exibem quando suas idéias são rejeitadas. Aprenda a perder e procure encontrar soluções que agradem a todas as partes. Pode até acontecer que algum membro do conselho se lembre de sua idéia, pense sobre ela, apresente-a em outra reunião como se lhe pertencesse — e ela seja aceita. Não há limites para o que um pastor pode realizar se ele não se importar com quem leva o crédito. Se Deus o levar para determinada igreja e colocar em seu coração a vontade de realizar certas coisas, Ele certamente o ajudará, se for tão somente afável e paciente. Poderá até perder algumas batalhas, mas com o tempo ganhará a guerra.

Por causa de alguns problemas e escândalos do passado, a igreja que apascento não desfruta de boa reputação na comunidade. Como posso restaurar o bom nome da igreja?

Graças à mídia, a cobertura das notícias está cada vez mais rápida e ampla. Pessoas que têm prazer em notícias escandalosas se regozijam com isso. Infelizmente, vivemos em uma época em que as pessoas condenam a religião, uma era em que as pessoas criticam e vêem com desconfiança as ações da igreja. Quando um escândalo atinge um ministério local e os fatos são divulgados, o prejuízo é ainda maior. Seja um bom servo de Cristo na comunidade, e muitos notarão. Aliás, agradecerão por você estar lá, pois uma igreja mal afamada só traz vergonha. Se você servir com fidelidade, as boas pessoas de sua comunidade irão respaldá-lo; logo, tenha coragem. Alguns o admirarão por assumir tarefa tão árdua e o apoiarão em silêncio.

Descubra o quanto do passado ainda subsiste na igreja. Trabalhe de modo paciente com cada membro e remova o "veneno" pela oração. Peça a Deus que o ajude a criar um "espírito" de mansidão e amor na igreja, "porque a caridade cobrirá a multidão de pecados" (1 Pe 4.8; Pv 10.12). Em pouco tempo estarão comentando que há algo novo e maravilhoso na congregação e a diferença será uma boa oportunidade para você.

Nos cultos públicos e nos diversos ajuntamentos, incentive as pessoas a serem otimistas em relação à igreja. "[Esquecer as] coisas que atrás ficam" (Fp 3.13) deve ser o lema da congregação. À medida que você ensinar a Palavra, ela purificará e renovará as pessoas. Já dissemos isso antes; seja paciente, ore e espere, que Deus irá agir.

Por fim, seja criterioso ao fazer anúncios. Os jornais divulgarão que a igreja ainda existe e que uma nova era teve início. Certifique-se de que nada negativo apareça em seu material impresso, principalmente no informativo da igreja — existem pessoas que lêem informativos e algumas gostam de falar sobre o que leram. Não dê munição ao Inimigo.

Curar o corpo da igreja é um grande desafio, mas que grande alegria é vê-lo crescendo com a saúde restaurada! É preciso amor, paciência, oração e uma sólida ministração da Palavra. Convença-se de que não partirá até terminar o trabalho. Mudar de pastor em pouco tempo pode ocasionar uma derrota total. "Se Deus é por nós, quem será contra nós?" (Rm 8.31)

Cresci em uma cidade grande, mas assumirei uma pequena igreja no interior. O que deveria saber para fazer um bom trabalho?

Em primeiro lugar, não minimize a importância deste ministério. Nossos vilarejos e cidadezinhas formam um dos maiores campos missionários da atualidade. Se é correto que um missionário alcance aldeias dispersas em áreas primitivas, por que é errado que um pastor ministre em uma cidade pequena? Aos olhos de Deus, não existem cidades pequenas demais, nem pregadores grandes demais.

De forma geral, a vida no interior difere da vida na cidade grande, embora possamos ver hábitos cosmopolitas invadindo esta área. As pessoas normalmente são mais relaxadas, pacientes e sérias que as da cidade. Passam mais tempo conhecendo uns aos outros e procuram ir além das primeiras impressões. Na maior parte das vezes, aceitam um pastor que seja sincero e afável, a despeito de sua origem.

Igrejas do interior não costumam ceder a pressões ou campanhas vistosas. Você desejará estudar os hábitos das pessoas e compreender sua forma de pensar, porém não o conseguirá em todas as situações. Não tente fazer programações análogas às da cidade. Nas cidades pequenas, o povo tem um relacionamento muito próximo com o solo e as estações do ano, e você deve fazer o mesmo. As atividades da igreja devem se adequar ao cotidiano do rebanho e não às idéias do pastor.

Como as pessoas por vezes moram a quilômetros de distância umas das outras, quando vêm à igreja, querem ter tempo para visitar uns aos outros. Até mesmo suas visitas devem levar em conta as distâncias envolvidas.

Na cidade, você pode fazer visitas breves; já no interior, as pessoas querem que fique um pouco mais para uma conversa. Provavelmente vão querer que sua esposa o acompanhe sempre que for possível. Você será convidado para as refeições, durante as quais poderá aprender bastante e realizar um bom trabalho pastoral.

Ministrar em uma pequena comunidade tem suas vantagens e desvantagens. Algumas vezes, uma ou duas famílias (muitas vezes aparentadas) estarão no controle, e o pastor precisará lidar com tais blocos de poder, contudo isso pode acontecer em qualquer igreja. Todos sabem da vida dos outros, e o passado não é esquecido com facilidade. Cidades pequenas já foram definidas como "lugares onde não há muito para ver, mas há muito para ouvir". As tradições são tenazmente defendidas, mas isso também acontece em cidades maiores. Contudo o pastor iniciante, com certeza encontrará um núcleo de pessoas piedosas que o amarão e incentivarão, fazendo-o se sentir feliz por ter decidido ficar.

Familiarize-se de modo rápido com as cerimônias fúnebres e de casamento em seu ministério. Você aprenderá muito conversando com os membros mais antigos, preste toda atenção e sua própria vida será enriquecida.

Dê às pessoas o melhor de si; alimente-as com o que há de melhor. Jamais avalie seu ministério pelo número de freqüentadores dos cultos, embora você queira que o ministério cresça. Nem sempre há um grande potencial de crescimento na zona rural, todavia isso não deve desanimá-lo. Em especial, conheça as crianças e os mais jovens — e até mesmo o nome de cada cachorro! Muitos dos mais jovens podem partir para a cidade grande na idade adulta, portanto ministre-lhes todas as vezes que puder. Aqueles que casarem e permanecerem deverão se engajar no ministério local; os que partirem se sentirão incentivados a buscar boas igrejas na cidade.

Nunca passe a impressão de que está ali apenas até aparecer algo melhor. Dedique-se ao seu rebanho e, se Deus abrir uma outra porta, você estará pronto a aceitá-la. Nos anos seguintes, será grato pela oportunidade que teve de fincar suas raízes espirituais nesta região.

Observações:

Considerações:

Providências:

Capítulo Quatro

A ORGANIZAÇÃO DA IGREJA

Existe algum padrão obrigatório para a organização da igreja?

Um estudante sincero de História da Igreja não pode negar que Deus utilizou e abençoou quase todas as formas de organização eclesiástica: congregacional, presbiteriana, episcopal, quacres. Reorganizar a igreja não é uma garantia de que Deus enviará um reavivamento.

Atos 6.1-7 indica que a Igreja Primitiva tinha uma estrutura congregacional quanto à supervisão dos líderes espirituais. Em 1 Timóteo 3, os líderes nos são apresentados como bispos (supervisores) e diáconos. Uma comparação entre Atos 20.17 e 28 dá a entender que os termos *bispo*, *presbítero* e *ancião* são sinônimos e equivalentes a "pastor". Algumas igrejas têm o pastor como líder; os presbíteros, como líderes espirituais, que auxiliam o pastor; e os diáconos, que administram a parte financeira e física do ministério. No caso de igrejas juridicamente estabelecidas, a lei, em geral, exige gestores estatutários.

Independente dos membros eleitos e do nome do cargo que ocupam, deve haver uma liderança. Ainda assim, a organização não pode substituir a obra do Espírito na igreja. A. W. Tozer disse: "Se Deus retirasse o Espírito Santo do mundo, a maior parte das atividades da igreja seguiria inalterada e ninguém perceberia a diferença". Uma afirmação que nos leva a pensar. O sistema deveria ser uma bênção, não um fardo; uma forma de realizar o trabalho, não de impedi-lo. O tamanho da congregação determina a quantidade de organização necessária.

Assuma o sistema como o encontrar. Se o Senhor puser em seu coração que determinadas áreas são contrárias à Bíblia, discuta o assunto com seus principais líderes e dê-lhes um tempo para orar e refletir, mas jamais pense que o tipo certo de organização ganha automaticamente as bênçãos de Deus. O Senhor abençoa homens e não mecanismos.

Como devo escolher e treinar líderes para a igreja?

Pregue a Palavra com fidelidade, pois ela alimenta e equipa os santos para a realização do trabalho ministerial (2 Tm 3.16,17; Ef 4.11,12) e também seleciona as pessoas. Respalde suas mensagens com oração, e ore nominalmente por cada um — Jesus mandou-nos orar pelos obreiros (Lc 10.2).

Em geral, não é sábio anunciar a necessidade de obreiros. Não raro, os encrenqueiros se apresentam e você tem de encontrar alguma ocupação para eles. Observe a congregação em silêncio e Deus lhe dará a direção. Caso observe membros que possam ter potencial, teste-os em tarefas menores (Mt 25.21) e deixe que provem seu valor. Leve-os consigo nas visitas e observe como ministram nos lares (essa também é a melhor forma de treinar evangelistas).

Quando convidar alguém para assumir algum cargo, avise que a tarefa exigirá grande esforço e disciplina espiritual. Pessoas capazes aceitam qualquer desafio, sem levar em conta as dificuldades envolvidas, enquanto os preguiçosos querem apenas assumir o cargo e bancar o importante.

Muitas igrejas foram felizes pesquisando os "dons espirituais" disponíveis na igreja e divulgando "listas de oportunidades" para o ministério. (Lembre-se de que existem muitos dons espirituais além do ensino e da pregação.) Cada membro deve receber uma cópia dessa lista, e não há mal algum em fazer um levantamento anual dos dons disponíveis no corpo. Diversas editoras possuem currículos para a formação de líderes e treinamento de professores, portanto consulte sua denominação ou seu livreiro local.

Selecione e instrua algumas pessoas com todo o cuidado, e elas, por sua vez, o ajudarão a treinar os outros. Um planejamento dessa natureza leva tempo, mas acaba por multiplicar os líderes na igreja. Prepare-se para ver diversos deles serem chamados ao ministério e alegre-se por seu ministério se multiplicar na mesma proporção.

Como se destitui um líder ou um colaborador ineficiente?

Esse assunto exige uma grande dose de oração e paciência. Muitas igrejas têm falta de líderes dedicados e destituir obreiros dispostos, ainda que incompetentes, parece suicídio. Contudo, nunca se esqueça de que produzimos líderes semelhantes a nós. Um mau mestre produz os mais variados problemas entre os membros ou outros mestres de igual modo incompetentes. Então, o que fazer?

Antes de tudo, procure sempre a excelência em seu ministério e incentive seus obreiros a fazer o mesmo. Crie essa atmosfera e em pouco tempo os incompetentes se sentirão desconfortáveis.

Em segundo lugar, facilite a renúncia ou a mudança de ministérios. Muitas igrejas vêem vantagens em consultar seus líderes uma vez por ano, para verificar se alguém deseja um ano de licença ou se mudar para outro departamento. É incrível o que acontece a uma professora quando ela é liberada de vinte e um anos de prisão na creche! Em vez de fazer uma classe sofrer nas mãos de alguém descontente, é melhor juntar duas classes e deixá-las nas mãos de uma professora que gosta do trabalho e desempenha-o muito bem.

Comece um programa de estágios, com professores assistentes em cada departamento. Estes devem ter a oportunidade de lecionar com regularidade, e os mestres podem ajudar a treiná-los. Com freqüência, um mau educador se sentirá deslocado e desejará passar a classe ao assistente. Certifique-se de que transições dessa natureza ocorram sem competições ou situações embaraçosas.

Quando se sentir seguro em sua posição de liderança, sugira um padrão definido para professores e obreiros. Você, é claro, não deve formular regras farisaicas, mas não há nada de errado em estabelecer um conjunto de padrões bíblicos para aqueles que lideram o ministério da igreja. Cursos de treinamento para líderes e professores são de grande valor, principalmente se o regulamento estabelecido exigir tais formações dos futuros líderes.

Tente fazer com que novos convertidos e novos membros se unam a uma classe assim que estiverem preparados. De maneira usual, há o problema da relutância dos membros mais antigos em ceder lugar. Em certos casos, uma renúncia (ou um funeral) parece ser a única solução, embora não aconselhemos que se ore por funerais. Leve cada caso à presença do Senhor e deixe que Ele lide com cada situação à sua maneira e no seu tempo.

Procure conhecer pessoalmente seus líderes antes de sair fazendo cortes. Quanto mais você entender suas vidas e lares, melhor compreenderá o porquê de parecerem inadequados à função, e saberá onde podem se adaptar melhor. Acima de tudo, jamais tente destituir líderes apenas por não concordarem com você. Descubra o motivo da discordância, pois eles podem ter idéias válidas que lhe tenham escapado. Obviamente, é preciso enfrentar aquele encrenqueiro obstinado (Tt 3.10).

Existe algum método bíblico para a administração financeira da igreja? Até que ponto o pastor deve se envolver?

A estrutura bíblica parece prescrever que os crentes tragam os dízimos e as ofertas ao Senhor nas congregações locais. Em 1 Coríntios 16.1-3, vemos uma oferta especial para os pobres, mas o princípio é o mesmo. Em relação às finanças da igreja, encontramos informações preciosas em 2 Coríntios 8—9. Você poderá observar que as ofertas eram dirigidas à igreja (8.1), dadas com amor (8.2-9), proporcionais ao que cada um possuía (8.10-15), e administradas honestamente (8.16-24). O tipo certo de oferta abençoa os outros (9.1-5), aquele que dá a oferta (8.6-11) e glorifica a Deus (9.12-15). Nesses capítulos vemos uma ênfase na graça da oferta (8.1,6,7,9,19; 9.8).

Se a ovelha é alimentada de modo correto, pode ser ordenhada e tosada. Alguns líderes se esquecem de que o pastor mantém a ovelha pela lã, pelo leite e para reproduzir — não especificamente por sua carne. É trágico para a igreja um pastor que de forma constante abate as ovelhas. Quando o povo de Deus recebe um alimento espiritual balanceado e um atendimento caloroso, fica muito feliz em ofertar.

Estamos seguros de que o rebanho deve ser ensinado a contribuir em sua igreja local e através dela. É uma lástima que haja tanta competição pelo dinheiro dos evangélicos nos dias de hoje. Se todo crente fosse fiel em sua contribuição, haveria "abundância de pão" no ministério local e para repartir com outras igrejas. Pastor algum pode forçar seu rebanho a ofertar de determinada forma, e nem ele deveria querer fazê-lo, mas é muito triste quando os membros enviam o dinheiro de Deus por todo o mundo e deixam de sustentar sua própria igreja. Oswald Smith disse: "A luz que alcança mais longe será a que mais brilhará em seu lar". A epístolas aos Gálatas 6.6 ensina que os crentes devem partilhar suas bênçãos materiais com aqueles de quem recebem instrução espiritual.

O Evangelho de Lucas 16.1-12 mostra que há uma relação clara entre o modo como um servo de Deus trata de coisas espirituais e materiais. Mais de um pastor já falhou em seu testemunho e arruinou seu ministério por causa de mau uso dos fundos da igreja. Isso explica o porquê do cuidado de Paulo em levar consigo mensageiros das igrejas, quando transportava doações para os santos de Jerusalém (2 Co 8.16-24). Orçamentos, comissões financeiras e auditorias parecem ser enfadonhos ao extremo, porém são maravilhosas salvaguardas contra acusações de que o pastor não é honesto com o dinheiro da igreja. Nesses assuntos, ele deve trabalhar com seus líderes. Se o líder não se preocupar com os aspectos financeiros da igreja, é pouco provável que os membros se importem.

Não fique sempre falando em dinheiro. Um pastor que, sistematicamente, expõe os verdes pastos da Palavra de Deus a seu rebanho terá muitas oportunidades para falar sobre a mordomia cristã. Além disso, nunca traga seus problemas financeiros pessoais ao púlpito. Ficamos sabendo de um pastor que, durante um sermão, reclamou ter de recorrer à sua caderneta de poupança para comprar um terno novo. Muitos dos ouvintes nem tinham uma caderneta de poupança.

Uma boa idéia é ensinar sobre os deveres e direitos envolvidos na membresia. É um bom momento para falar acerca das necessidades financeiras da igreja e ensinar aos novos convertidos e novos membros os princípios bíblicos da oferta. Muitas igrejas enviam pelo correio relatórios trimestrais ou anuais sobre as ofertas. Uma boa dissertação sobre mordomia poderia ser incluída. E não ignore a possibilidade de os membros incluírem a igreja em seus testamentos. Convide um especialista cristão de renome para falar a respeito de testamentos ou instruí-los sobre como funciona um inventário.

J. Hudson Taylor estava certo ao afirmar que, quando a obra de Deus é realizada conforme a sua vontade, jamais falta o sustento divino. O Senhor não tem de pagar por nossos esquemas egoístas, mas precisa sustentar seu ministério.

É correto que a igreja tenha uma poupança, quando existem tantas pessoas necessitadas ao nosso redor e nos campos missionários pelo mundo?

Não é contrário às Escrituras poupar dinheiro ou receber juros. Aliás, a parábola de Cristo sobre os talentos gira em torno desse tema. Também não é errado que a igreja planeje o futuro, contanto que não se transforme numa instituição financeira e fique de tal forma obcecada por dinheiro, que deixe de lado seus valores espirituais (Ap 3.17). Na verdade, uma igreja que faz suas economias e recebe juros acabará poupando dinheiro ao não precisar pegar emprestado.

No que concerne às necessidades missionárias, essas devem ser supridas quando Deus guia e capacita, contudo a bíblia não diz em parte alguma que devemos derribar a obra na igreja local para edificá-la em algum outro lugar. Muitas juntas de missões formam economias visando a futuras expansões. O uso prudente do dinheiro é um ministério espiritual (Lc 16.1-12), e Deus espera que administremos bem aquilo que Ele nos deu.

A motivação e o objetivo são o principal. Se a motivação estiver certa e o objetivo estiver de acordo com a vontade de Deus, uma caderneta de poupança pode ser uma bênção. A maioria das igrejas deveria manter um fundo de reserva, pois a explosão de uma caldeira ou um súbito colapso do sistema elétrico pode atrapalhar o ministério. Melhor ter um fundo de emergência à mão que pedir ajuda em momentos de crise.

Algumas igrejas incluem em seu orçamento anual uma quantia específica para emergências missionárias. O fundo é controlado pelo pastor, pelo conselho e pela secretaria de missões, de maneira que não é necessário convocar toda a congregação para aprovar o uso do dinheiro. Se um missionário precisa de uma cirurgia de emergência ou tem de retornar de uma hora para a outra, o fundo pode assisti-lo sem atingir o orçamento, e não é preciso esperar o consentimento da congregação, agindo-se rapidamente.

Parece haver uma atmosfera de legalismo em nossa igreja, com ênfase em regras e regulamentos. Não tenho nada contra padrões bíblicos, mas temo que um espírito farisaico possa enfraquecer a vida da igreja. O que devo fazer?

Gilbert K. Chesterton disse: "Nunca derrube uma cerca sem saber por que ela foi construída". Muitas vezes uma igreja se torna legalista para proteger o ministério. Em vez de confiar na Palavra, na oração e no Espírito Santo, os membros do conselho aprovam regulamentos rígidos e transformam os pastores em policiais. Com o tempo, as regras passam a ser consideradas sagradas, ainda que o problema que lhes deu origem tenha desaparecido há muito tempo. Não há nada de errado em uma igreja adotar padrões bíblicos, porém é preciso perceber que eles não mudam ninguém e que nem todos que obedecem às normas são necessariamente mais espirituais em seu coração.

O perigo do "espírito" legalista está no fato de que ele se baseia no medo e gera um comportamento crítico. Uma igreja assim logo fica dividida, produzindo orgulho espiritual e uma postura de superioridade.

"Filho de peixe, peixinho é." Um líder crítico faz com que a igreja se encha cada vez mais de pessoas críticas — e o próprio pastor será o principal alvo delas. Um líder carinhoso, com o tempo, criará uma atmosfera de amor e respeito. Nem mesmo é necessário combater as regras. Cuide de suas responsabilidades, ame as pessoas e as regras cairão de modo gradual no esquecimento. Isso não significa reduzir os padrões da igreja, mas ampliá-los por meio de uma motivação espiritual mais elevada. Paulo tinha algo assim em mente ao escrever Romanos 7.14—8.13.

Há três níveis de obediência: medo, recompensa e amor. Primeiro vem o medo: você obedece porque é obrigado. O nível seguinte é a recompensa: você obedece para conseguir algo em troca. O nível mais nobre é o amor: obedecer ao Senhor em virtude do amor que temos por Cristo e nossos irmãos na fé. As pessoas não se santificam por causa de pressões externas. A verdadeira espiritualidade vem da compaixão que há no coração. Em 2 Coríntios 3, Paulo compara o ministério legalista do Antigo Testamento com o ministério do Espírito na Nova Aliança. Todo pastor deveria conhecer a fundo *The Glory of the Ministry* (A Glória do Ministério),[1] de A. T. Robertson, em que ele explica de forma majestosa essa passagem. Conforme o povo de Deus for amadurecendo no Senhor, terá cada vez menos necessidade de regras e regulamentos. Começará a caminhar no Espírito e no amor de Deus.

Nada é tão poderoso como a evangelização para romper as cadeias da tradição. Ganhe almas e os novos convertidos ajudarão a criar uma nova e empolgante atmosfera na igreja. Sem dúvida alguma, os escribas e fariseus ficarão de lado, criticando e defendendo suas regras. Todavia, ame-os assim mesmo, ore por eles e siga com o trabalho.

Nota

[1] Grand Rapids, Michigan: *Baker, 1967.*

Capítulo Cinco

A PREGAÇÃO

A pregação é realmente importante para o ministério da igreja?

A pregação é uma dentre as muitas formas pelas quais Deus espalha sua Palavra, mas sinceramente cremos que ela é a mais importante de todas. Ele proclama sua Palavra na Ceia e no Batismo, bem como nas boas obras de cada fiel "Resplandeça a vossa luz diante dos homens...", mas nada substitui a pregação da Palavra de Deus movida pelo Espírito Santo, naquilo que conhecemos como sermão. Quando Deus estava para apresentar seu Filho ao mundo, enviou um pregador chamado João Batista a fim de preparar o caminho. Grande parte da Bíblia é composta de mensagens entregues por servos de Deus. Quer gostemos disso quer não, o nível espiritual da igreja sobe ou cai conforme a pregação da Palavra. Os membros da igreja podem até tolerar fraquezas por parte do pastor, mas, se não forem alimentados e ensinados, certamente ficarão insatisfeitos. Aquele pastor que não acredita na importância da pregação, nem se dedica a ser um melhor pregador, passará por grandes dificuldades. (Pastores assim deveriam, talvez, atuar como assistentes e desenvolver os dons que possuem.)

Quantos políticos e educadores conseguiriam reunir multidões para ouvi-los semana após semana, ano após ano? Todas as semanas, milhões de pessoas vão à igreja para ouvir ministros pregando a Palavra de Deus. G. Campbell Morgan chamava a pregação de "obra suprema do ministro cristão". Feito com dedicação, é também o mais árduo trabalho do ministério.

Embora um bom púlpito não seja suficiente para criar uma igreja forte, a ênfase na pregação deve ser mantida. Algumas igrejas têm recebido influências, com muita facilidade, dos últimos modismos seculares: aconselhamento pessoal, dinâmica de grupo, diálogo, dramaturgia e assim por diante. Todas essas atividades têm seu lugar no ministério de uma igreja, mas nenhuma delas pode substituir a exposição sistemática da Palavra de Deus. As pessoas podem ser influenciadas de uma forma ou de outra por filmes, representações teatrais, concertos musicais e debates; todavia, jamais serão transformadas e engrandecidas sem a proclamação das Escrituras.

Talvez o principal motivo das críticas à pregação esteja no fato de que, com freqüência, a Palavra é exposta de forma lamentável e sem alcançar as necessidades do rebanho. Pastores que passeiam pela cidade a semana inteira, ou viajam com certa freqüência para conferências e seminários, imaginam que toda essa atividade faz parte do ministério; mas isso pode não ser verdade, principalmente quando preparam sermões superficiais de última hora. Tais pessoas estão cavando sua própria cova e podem levar suas igrejas consigo. A verdadeira pregação implica trabalho duro. É bem provável que isso explique o porquê de alguns pastores procurarem ministros substitutos.

Se você, como pastor, dá importância à pregação, todos terão ciência disso. Sua congregação reconhecerá que você estuda a Palavra todos os dias. Eles o verão visitando e aconselhando, para melhor se familiarizar com as necessidades do rebanho; sentirão que sua vida tem prioridades a serem seguidas. Acima de tudo, ao ouvirem sua pregação, seus corações serão confortados e eles darão graças ao Senhor, por terem um pastor que os ama a ponto de se dedicar com afinco à pregação.

Na próxima vez em que você se sentir tentado a questionar a centralidade do sermão no seu ministério, lembre-se do que a pregação da Palavra realizou na Europa de Martinho Lutero e na Inglaterra de João Wesley. Pense em George Whitefield e Jonathan Edwards, Billy Sunday e D. L. Moody. Imagine seu rebanho faminto que, semana após semana, vem à igreja para ser alimentado. Paulo é incisivo a esse respeito: "Ai de mim se não anunciar o evangelho!" (1 Co 9.16)

Como posso aperfeiçoar minha pregação?

Aprimoramos nossa pregação (e quaisquer outros ministérios que exerçamos) quando nos aperfeiçoamos e melhoramos nossa caminhada com o Senhor. Em primeiro lugar, nunca fique satisfeito com seus sermões e não acredite em todos os elogios que ouvir. Embora nos agrade o incentivo de ver uma mensagem consolar um coração necessitado, não devemos ficar satisfeitos com nossa homilética. Após mais de vinte e cinco anos no ministério e tendo pregado para milhares de pessoas, Charles H. Spurgeon disse à sua congregação: "Ainda estou aprendendo a pregar". Um pregador satisfeito consigo mesmo não crescerá jamais. Ele se tornará o centro de um grupo social onde todos se admiram, não uma fonte de poder espiritual.

Aperfeiçoamos a pregação ao aperfeiçoarmos o pregador. Phillips Brooks estava certo ao afirmar que a pregação é "a comunicação da verdade divina através da personalidade humana".[1] Deus comissionou os homens, não os anjos, para proclamar o evangelho. "Houve um homem enviado de Deus, cujo nome era João" (Jo 1.6). Conforme crescemos em graça e conhecimento, cultivando uma gratificante vida na fé, não há como evitar um aprofundamento de nossos estudos, uma melhor preparação e entrega do sermão. Melhores cristãos se tornam melhores pregadores e pregam melhores sermões.

Não tema a crítica gentil. No início de seu ministério, Spurgeon recebia a cada semana uma carta de um ouvinte anônimo. Nestas cartas, o remetente delicadamente apontava os erros do pregador do dia anterior. Em vez de ficar ressentido com essa crítica construtiva, Spurgeon a acolhia e se beneficiava dela. (Eis aqui uma utilidade para a gravação das mensagens, se você agüentar ouvir a própria pregação. As críticas de uma esposa sincera também são de grande auxílio.)

Sempre que a oportunidade surgir, ouça outros pregadores. Não apenas os mais conhecidos, mas também ministros locais que ainda não alcançaram fama. Você pode aprender com tudo o que ouvir: tanto o que fazer como o que não fazer. Muitos pregadores excelentes disponibilizam gravações de seus sermões e você ainda pode ouvir alguns no rádio ou na televisão. (Cuidado! Não se torne um seguidor cego de algum grande pregador. Não se torne dependente de mensagens gravadas nem imite aquilo que ouve.)

Leia bons livros sobre homilética e até mesmo sermões publicados, ainda que não concorde de todo com as idéias do preletor. George Morrison costumava ler um por dia, selecionando-os dentre diversos pregadores. Leia-os, antes de tudo, para seu próprio benefício espiritual, então os examine, procurando compreender a técnica do pregador. Aprenda sem, contudo, imitar. John Henry Jowett confessava que muitas vezes, ao preparar a mensagem, perguntava a si mesmo: "Como Spurgeon lidaria com esse texto? Como Alexander Whyte traria este texto?" Ele chamava essa técnica de "observar um tema a partir de muitas perspectivas".[2] Arquive todos os sermões em sua biblioteca, a fim de que seja possível localizá-los rapidamente conforme o texto. Dispense algum tempo lendo-os e comparando-os.

Cuidado para não estimular passatempos homiléticos. Muitos de nós gostamos muito de pregar sobre determinados temas e resistimos a novos caminhos. Paulo admoestou Timóteo a se dedicar de modo integral ao ministério, meditando com diligência na Palavra, "para que o... aproveitamento [dele fosse] manifesto a todos" (1 Tm 4.15). A palavra traduzida por "aproveitamento" significa "avanço pioneiro". Paulo queria que Timóteo fosse um pioneiro, desbravando novos territórios e descobrindo frutos para todos.

Há abundância de alimentos espirituais na correta utilização dos idiomas originais da Bíblia. Falamos em "correta utilização" porque há uma forma errônea de se usar o hebraico e o grego. O rebanho deseja o alimento, não a receita. Lançar-lhes "cognatos" e regras gramaticais pode fazer com que percam o apetite por verdades espirituais mais profundas. Deixe as questões acadêmicas no escritório e leve apenas as conclusões para o púlpito. Hoje em dia, há muitas ferramentas lingüísticas disponíveis, as quais atendem até mesmo a ministros que não tenham sido instruídos nos idiomas bíblicos. Aprenda a utilizá-las, pois certamente crescerá e ajudará seu rebanho a crescer.

Se seu desejo de melhorar a pregação for sincero, Deus proporcionará oportunidades para tal. Ele permitirá, em sua vida, situações que o levarão à Palavra e a orar. Um dos melhores lugares para nos aprofundarmos nas Escrituras é a fornalha da aflição. Quando Deus deseja proclamar uma mensagem, Ele prepara um pregador. Seja esse pregador!

Você poderia me dar algumas sugestões para preparar um bom sermão?

Seja você mesmo. Esforce-se ao máximo, é claro, mas seja você mesmo. Seja uma voz, não um eco. Muitos dentre nós preferimos um sermão expositivo, o que recomendamos com grande entusiasmo. Ainda assim, muitos grandes pregadores não adotaram tal linha: Phillips Brooks e George W. Truett são dois famosos exemplos. Por favor, não caia no erro de imitar algum grande pregador, deixando de lado o ministério que Deus planejou para você.

Planeje sua pregação. Não passe a maior parte da semana procurando freneticamente o que dizer. Exponha um livro da Bíblia ou pregue uma série de mensagens a respeito de um determinado tema: a oração na Bíblia, as parábolas, os milagres, o estudo do caráter de determinado personagem bíblico. É incrível como o Espírito usa mensagens em série para alcançar necessidades que nem sabíamos existir. Não se torne, no entanto, um escravo do planejamento. Se algo acontecer, ou se Deus tocá-lo para pregar uma mensagem diferente, não hesite em seguir a direção do Espírito. Aliás, interromper uma série dará importância ainda maior à mensagem. Sabendo o curso que seguirá semana após semana, você pode pensar com mais calma e ir acrescentando idéias em seu arquivo de sermões.

Não deixe nada para a última hora. Se estiver pregando sobre um livro, você pode já ir trabalhando em outra parte sobre a qual pretende pregar, mantendo-se sempre à frente do trabalho. Comece cedo na semana e a cada dia. Estabeleça metas e tente finalizar a mensagem de domingo até sexta-feira ao meio-dia. Nada é mais frustrante que tentar realizar o trabalho de uma semana no sábado à tarde.

Seja sistemático. Muitos pregadores usam uma pasta catálogo para guardar suas anotações enquanto estudam. Você poderá achar essas pastas na papelaria local. Reserve um envelope para cada mensagem ou pregação. Em vez de usar folhas grandes, mantenha suas notas em pequenos pedaços de papel, com talvez dez centímetros de lado. Ponha apenas uma idéia ou fato em cada pedaço de papel. Quando chegar a hora de organizar suas notas, bastará pôr os papéis em ordem.

Comece com a Bíblia. Antes de passar aos seus livros, concentre-se no Livro de Deus. Em primeiro lugar, ache a mensagem principal do trecho bíblico. Então, à medida que for meditando e orando, acrescente as idéias reveladas pelo Espírito Santo. Consulte os idiomas originais e use diversas traduções. Após a pesquisa básica, passe aos comentários e corrija conceitos errados que possam ter surgido. Faça, consigo mesmo, os seguintes questionamentos sobre a passagem: O que ela diz? O que significou para os que primeiro a ouviram ou leram? O que significa para a igreja de hoje? O que significa para mim, pessoalmente? Como posso torná-la significativa para os outros? Não evite as duas últimas questões. Um sermão só se torna uma mensagem quando passa pelo coração e pela vida do pregador. Phillips Brooks orientava os seminaristas a encontrarem o lugar onde a verdade divina toca a vida humana, pois é lá que está a mensagem.

Organize seu material. Uma pregação clara começa com um raciocínio claro. Você deve ser capaz de explicar a verdade da sua mensagem em uma simples frase. Em: "A igreja que ora experimentará as bênçãos de Deus", por exemplo, diz às pessoas qual será o tema abordado e como você planeja desenvolvê-lo. Seus pontos principais devem explicar e respaldar essa "frase-sermão" ou enunciado. Um esboço geral é importante para ajudá-lo a digerir a mensagem, a fim de que possa pregar com liberdade. Além disso, auxilia as pessoas a acompanharem a mensagem e a se lembrarem dela. Não deixe, porém, que tal resumo seja brilhante ou óbvio a ponto de distrair as pessoas da mensagem.

Deixe o Senhor usar sua vida. A preparação de um sermão é uma experiência espiritual. Pode ser comparada a uma luta, a uma batalha, ou até mesmo ao trabalho de parto de uma mulher. O Espírito precisa falar *conosco*, antes de falar *através* de nós, portanto receba a mensagem de Deus em seu próprio coração e questione: "O que essa verdade significa para *mim*?"

Mantenha-se em contato com o seu rebanho. Não há conflito algum entre apascentar e pregar: uma atividade complementa a outra. Como pastores, podemos conhecer as necessidades do rebanho; como pregadores, usamos a Palavra para alcançar essas necessidades. Não raro, você descobrirá uma mensagem brotando completa em seu coração, enquanto ministra em um hospital ou em um culto fúnebre. O pregador ilustre, que desce de sua torre de marfim uma vez por semana a fim de entregar uma mensagem, voltando em seguida a seus estudos, pode possuir grande erudição e habilidade homilética, mas não terá o toque pessoal que é tão necessário a uma pregação satisfatória. O sermão será como um "mar de vidro", porém não "misturado com fogo". "Interior do véu" (intimidade com Deus) e "fora do arraial" (intimidade com o povo de Deus) são duas frases de Hebreus que descrevem a vida de um pastor equilibrado.

Mantenha-se alerta! Estamos sempre preparando mensagens, então mantenha olhos e ouvidos bem abertos para ilustrações e novas abordagens. Anote as idéias que lhe surgirem ou você as esquecerá. Mantenha um "caderno de idéias" ou uma pasta de arquivo e vá acrescentando material. Andrew Blackwood chamava isso de "lavoura de sermões". É impossível prever quando uma semente produzirá um ótimo sermão justamente quando você precisa. Cada ministro deve desenvolver seu próprio esquema e abordagem. O antigo provérbio está correto:

"Planeje seu trabalho e trabalhe em seu planejamento". E jamais se esqueça de que você está envolvido em um negócio eterno que merece o melhor de você.

Como posso manter meu ministério equilibrado, de modo a não me equivocar e falhar em pregar "todo o conselho de Deus" (At 20.27)?

Spurgeon contava uma história sobre dois fazendeiros que se encontravam no mercado na segunda-feira pela manhã.

— Foi à igreja ontem? — perguntava um.

— Sim — respondia o outro.

— Bem, o que você ouviu?

— Ora, o mesmo de sempre: dingue-dongue, dingue-dongue, dingue-dongue!

— Você tem sorte — disse o amigo —, tudo o que sempre ouvimos é dingue-dingue, dingue-dingue, dingue-dingue!

Seu crescimento pessoal, por intermédio do estudo e do serviço pastoral, é a melhor forma de assegurar ao seu rebanho uma dieta balanceada da Palavra. Paulo, em 2 Timóteo 3.16, recomenda-nos "toda a Escritura", e Jesus disse: "Nem só de pão viverá o homem, mas de toda a palavra que sai da boca de Deus" (Mt 4.4). Vasculhe o Livro Sagrado, descubra novos territórios, e você e seu rebanho crescerão.

É aqui que vemos o valor de um sermão expositivo. A abundância presente na Palavra exige grande esforço daqueles que a pregam. Você não pode tocar a música dos céus com apenas uma corda. Permita que Deus o direcione a um livro bíblico que desperte seus sentimentos e pregue o livro todo, seja ele qual for. Recomendamos que você o selecione com cautela, lendo-o por diversas vezes, antes de anunciar uma série de mensagens. Caso contrário, você pode começar a erguer uma torre e descobrir-se incapaz de terminá-la.

Especialize-se nos grandes temas da Bíblia e evite sermões eruditos sobre textos obscuros. Escolha deliberadamente passagens que costuma evitar ou mesmo temer. Planeje a pregação de modo que haja um equilíbrio. Uma esposa sábia planeja o cardápio, um pastor sábio planeja as mensagens: tanto textos do Novo como do Antigo Testamento, admoestação e instrução, direitos e deveres, história e profecia, convencimento do pecado e encorajamento. É claro que, independente do texto, sempre pregamos a Cristo e o evangelho.

Entretanto, o fato de um pregador ministrar durante dez anos sobre a Epístola aos Romanos, não significa que todo pregador deve fazer isso. No início de seu ministério, W. Graham Scroggie deu início a uma longa série sobre esta Epístola e viu sua congregação diminuir. Um bilhete de um de seus ouvintes convenceu-o de que seus planos não eram sensatos e, a partir de então, passou a utilizar-se de séries curtas. Certa feita, Spurgeon comentou sobre um homem que pregou sobre a Epístola aos Hebreus durante anos. Quando chegou a Hebreus 13.22 — "suporteis a palavra desta exortação" —, Spurgeon comentou: "Eles suportaram!" Existem algumas poucas almas talentosas que conseguem pregar ao longo de um livro, versículo por versículo e frase por frase, mantendo as mensagens interessantes. Contudo, a menos que tenhamos esse dom, será melhor nos concentrarmos em pregar parágrafos que apresentem o livro num tempo sensato.

É crucial que o pastor conheça as necessidades espirituais do rebanho, suprindo-as de forma adequada. Eis por que a visitação pastoral e o aconselhamento pessoal são tão importantes. Na pregação, os bons sermões, a vitalidade e a variedade são uma combinação imbatível.

Algumas pessoas de nossa igreja me tacham de liberal, pois algumas vezes gosto de citar ou mencionar outras traduções ou paráfrases da Bíblia. Muitos dos novos convertidos e dos membros mais jovens usam diferentes traduções modernas. O que devo fazer?

Não critique ou menospreze qualquer tradução, principalmente a amada Almeida Revista e Corrigida. A maioria dos membros de uma igreja sabe muito pouco sobre os fatos envolvidos em uma tradução bíblica. Utilizam qualquer versão que "fale com eles" e que faça com que se sintam confortáveis. Sinta-se livre para ampliar significados e explicar algumas frases mais antigas, todavia jamais subestime uma tradução.

A igreja local é a única "escola" em que os alunos escolhem a edição do livro-texto com que estudam. Muitas igrejas consideram conveniente selecionar uma única tradução que sirva "no banco e no púlpito". Durante tal processo, você terá a oportunidade de explicar como a Bíblia chegou até nós, o porquê de existirem tantas traduções e as dificuldades enfrentadas pelos tradutores (talvez um missionário possa ajudá-lo aqui). Você poderá também esclarecer de que forma a tradução escolhida deverá ser capaz de "falar" às pessoas de todas as idades e de diversos níveis espirituais.

Todas as traduções possuem pontos fortes e fracos, e você deve aceitá-las com ambas as características. Se estiver familiarizado com os idiomas bíblicos, poderá ser bastante independente em seus próprios estudos. Para a maioria dos cristãos, é apenas uma questão de instrução, o que leva tempo. (Tivemos a oportunidade de conhecer um cristão extremamente devoto que de fato acreditava que a Bíblia tivesse sido escrita em sueco!) É preciso alertar as pessoas de que as traduções populares podem ser imprecisas, mas isso deve ser feito de forma gentil. Algumas versões podem ser usadas em leituras de recreação, enquanto outras devem ser utilizadas para um estudo mais profundo. Algumas são excelentes no que se refere ao tempo gramatical grego, outras possuem notas preciosas. Algumas igrejas organizam exposições, onde os mais jovens montam estandes que trazem várias traduções e textos de auxílio para estudos bíblicos. Eles explicam aos visitantes as virtudes de cada versão e a utilização desses textos.

Se a maior parte dos visitantes utilizar a Almeida Revista e Corrigida, use-a você também. Se sentir necessidade de uma mudança, discuta o assunto com seus líderes e planeje-a com cautela. Muitas vezes, as classes adultas da Escola Dominical são mais fáceis de influenciar que o resto da igreja, mas tome cuidado para não dividir a igreja ao tentar uni-la nas Escrituras. Certifique-se ainda de que a versão adotada realmente representa uma melhora.

Não deixe que o rebanho utilize as versões da Bíblia como um teste de comunhão ou espiritualidade. Em quase todas as igrejas, existem alguns pedantes que consideram a versão que utilizam como a única Palavra de Deus para nós. Ame-os, tenha paciência e seja grato por ao menos lerem as Escrituras. Além disso, é melhor que questões assim sejam tratadas em particular, e não em reuniões públicas.

Notas

[1] Lectures on Preaching. *New York: Dutton, 1977, p. 5.*

[2] *The Preacher: His Life and Work.* Garden City, N.Y.: Doran, 1912, p. 127,128.

Capítulo Seis

O PASTOR E OS SEUS LIVROS

Não sou do tipo que estuda. Ler é tão importante assim?

Caso você pense que o "tipo de estudante ideal" é aquele que se isola em sua torre de marfim, sem nada fazer além de estudar, ficamos felizes que não se encaixe nesse perfil. Esse tipo de pastor é muitas vezes teórico e inacessível ou, como disse o membro de uma igreja, "invisível durante a semana e incompreensível no domingo". A leitura é importante em qualquer chamado, e o antigo provérbio ainda vale: "leitores são líderes". Como ministros, precisamos "absorver" antes de podermos "espalhar". Se Charles Spurgeon fosse pregar em sua comunidade, ou se João Calvino fosse ministrar uma palestra, você compareceria. Ora, os livros que eles escreveram estão disponíveis para que você os leia a qualquer momento. Vamos aproveitar o enorme tesouro de conhecimento disponível atualmente.

Lemos para ser esclarecidos — ou iluminados — sobre a Palavra de Deus, as pessoas, nós mesmos, nosso trabalho e o mundo ao nosso redor. Quanto mais luz tivermos, melhor nos sairemos na vida cristã e ajudaremos mais os outros nesse caminho. Lemos em busca de *capacitação* — livros que nos ensinam "como fazer" — e aprendemos como podemos ser melhores oradores, conselheiros, líderes, cônjuges e pais. Todavia, não paramos por aí, pois também lemos para ser *enriquecidos*, a fim de crescer na mente e no espírito. É aqui que entram os grandes clássicos: livros que há séculos vêm enriquecendo as pessoas. Se lermos apenas os livros "da moda" — os assim chamados *best-sellers* —, jamais teremos tempo para ler os clássicos. Alguns desses livros deveriam ser lidos continuamente, pois trazem muitas verdades contemporâneas que não precisam ser reescritas. Lemos livros profissionais a fim de melhorarmos nosso meio de vida, porém lemos outros livros a fim de vivermos, e ambos têm sua importância. Você ficará maravilhado ao constatar que seu conhecimento da Bíblia é de grande auxílio na compreensão e apreciação das grandes obras do passado.

É preciso acrescentar que também lemos por *prazer*. Apreciar um bom livro é um deleite para uma mente ativa. Em geral, lemos para *forçar* nossas mentes, mas algumas vezes precisamos ler para *descansá-las* e escapar das exigências da vida. Seria tempo jogado fora? Não mais que quando tiramos uma soneca ou um dia de folga. Se você lesse apenas romances e livros de mistério, sua mente atrofiaria, contudo, após um dia cansativo, um livro o ajude a relaxar a mente e a prepará-lo para uma boa noite de sono.

Sim, ler é importante. E você não precisa ser "do tipo que estuda" (o que quer que isso seja) para se beneficiar de bons livros, novos e antigos. Consulte as melhores obras para preparar seus sermões, mas também leia as melhores a fim de crescer e se desenvolver. Leve um livro com você na condução ou para consultório médico, e aproveite para desfrutá-lo enquanto aguarda.

Muitos deles, ótimos, inclusive comentários completos, estão agora disponíveis em CD-ROM, o que resolve o problema de espaço. É possível levar sua biblioteca com você!

Qual a melhor forma de organizar minha biblioteca?

A classificação decimal Dewey é a mais conhecida e provavelmente a melhor, mas pode tomar muito tempo. Para mantê-la, é quase necessário ter uma secretária em tempo integral. A maioria dos pastores organiza seus livros de estudo em ordem bíblica: análises e introduções ao Antigo Testamento; Gênesis a Malaquias; período intertestamentário; análises e introduções ao Novo Testamento; Mateus a Apocalipse. Você pode separar lugares específicos para livros de teologia, dicionários e léxicos, biografias e sermões. Geralmente é melhor reunir à parte os comentários bíblicos. Seja qual for sua opção, adote um sistema e siga-o.

Os livros que são utilizados com freqüência devem ficar próximos à sua mesa ou sobre ela: um dicionário bíblico, um de português, outro de grego e de hebraico, concordâncias bíblicas (melhor manter a concordância mais utilizada sempre aberta sobre um porta-livros) e toda e qualquer ferramenta literária que ajude em seus estudos. Próximo à sua mesa, mantenha uma prateleira com livros referentes às pregações em que estiver trabalhando. Se estiver, por exemplo, pregando sobre o Evangelho de Marcos, separe todos os comentários de Marcos que tiver. Também é uma boa idéia manter os comentários de uso mais freqüente à mão. Isso poupa muitas idas e vindas, embora o exercício nos faça bem.

Não deixe de catalogar sua biblioteca, ou você acabará se esquecendo do material que tem disponível. Não é preciso relacionar os comentários, visto que eles ficam organizados nas prateleiras, mas é interessante separar os sermões impressos e os estudos especiais presentes nos diversos livros (as parábolas, milagres, nomes de Cristo, etc.), como dicionários e enciclopédias, cuja localização você possa esquecer. Há diversos sistemas padronizados de classificação, inclusive com versões para computador, então escolha o que considerar melhor.

Você provavelmente vai querer guardar artigos e recortes em pastas de papelão. Também esses podem ser catalogados por tópicos. Muitos pastores registram ilustrações em fichas e arquivam segundo o tema: redenção, oferta, revelação, etc. Certifique-se de anotar todas as informações necessárias para que a ilustração seja clara e precisa. Nada é mais penoso que um cartão onde se leia “garoto com cachorro no lago”. Ora, o que isso quer dizer?

Não se torne escravo de um sistema. Mantenha seu método simples e ele poupará seu tempo. Não pense que precisa guardar cada artigo ou recorte; limpe seus arquivos com regularidade.

É de extrema importância que seu sistema de arquivos inclua uma relação do material para sermões em sua biblioteca. A maioria dos sermões publicados é organizada segundo o tema, como *Westminster Pulpit* (Púlpito de Westminster),[1] de G. Campbell Morgan, e *Metropolitan Tabernacle Pulpit* (Púlpito do Tabernáculo Metropolitano),[2] de Spurgeon. Contudo, um catálogo mais completo possibilitará que você localize, com facilidade e rapidez, qualquer mensagem sobre determinado tema ou texto. Se desejar, utilize pequenas fichas, separando uma para cada capítulo da Bíblia. Basta fazer constar o versículo em questão, o livro e a página do sermão.

Em um de seus magníficos livros, Wilbur Smith sugere que o pastor classifique artigos em dicionários bíblicos e enciclopédias, a fim de evitar que sejam ignorados. Uma pessoa comum pode não lembrar que *The Dictionary of Crist and the*

Gospels (New York: Scribner, 1907) possui um ótimo artigo intitulado “Pregando a Cristo” e outro sobre “Crianças”. Sua relação de artigos irá lembrá-lo.

Sempre que comprar um livro, não demore em completar seu catálogo e escreva “catalogado” na contracapa. Se deixar que os livros se acumulem sem relacioná-los, acabará com um trabalho colossal em suas mãos e, provavelmente, decidirá que não vale a pena. Eis o caminho para a desorganização.

QUAL DEVE SER O TAMANHO DE MINHA BIBLIOTECA?

Quantidade não assegura qualidade. Melhor ter duas centenas de bons livros que milhares que prestam apenas para encher estantes. Um pastor não pode se permitir ser um simples colecionador de livros, pois tempo, dinheiro e espaço são por demais preciosos. Além disso, uma mudança para outra igreja pode fazer um homem desejar jamais ter possuído um único livro.

Sua biblioteca deve ser formada por obras que sejam ferramentas, não muletas. Um bom livro o ajuda a estudar a Bíblia, mas não a estuda por você. Manuais de sermões são como comida congelada: bons para uma emergência, mas não para uma dieta constante. Você precisará das melhores traduções da Bíblia, bem como dos dicionários que o ajudem com os idiomas originais. Seus comentários devem trazer estudos pormenorizados, mas não devem nunca lhe dizer o que o texto diz e o que significa. Comentários devocionais são bons para uma leitura devocional, ou para extrair idéias, mas você logo perderá o interesse. Com freqüência, é “reabrindo poços antigos” e voltando a escritores esquecidos que podemos melhorar nossa pregação.

Familiarize-se com os melhores autores e será fácil encontrar os melhores livros. Antes de investir em um título que não conhecia, dê uma olhada na cópia de um amigo ou procure um exemplar na livraria local. (Se pegar uma cópia emprestada, esteja certo de devolvê-la. Reter livros emprestados é um pecado imperdoável para o ministro.) Mantendo-se atento aos catálogos e acompanhando as resenhas nas melhores revistas, você aos poucos aprenderá a discernir os melhores títulos e saberá quais de fato vale a pena comprar. Em caso de dúvida, consulte algum colecionador de livros pastorais que conheça o título. Com o passar dos anos, você desenvolverá seu próprio interesse especial e, provavelmente, se especializará em alguma área — profecia, biografias de personagens bíblicos ou algum livro específico da Bíblia. Você pode decidir adquirir todos os livros que puder encontrar sobre o Pai Nosso, ou as palavras proferidas na cruz, ou a vida de Pedro — não há problema algum —, mas nunca se esqueça de que comprar livros não é o mesmo que usá-los, além de poder tornar-se um lazer bastante dispendioso.

Eles são como roupas ou ferramentas: o que atende à necessidade e ao gosto de uma pessoa pode não servir a outra; o que um amigo considera o melhor, você pode achar o pior. No entanto, a maioria dos pastores evangélicos concorda quanto aos principais títulos que devem estar presentes na biblioteca do pregador. Ao longo de nossos próprios estudos da Palavra, descobrimos quais são os mais úteis, sendo que a maior parte é citada nos livros já mencionados. Todavia, alertamos o pregador iniciante a não comprar um livro apenas porque alguém importante ou conhecido o recomendou. Fizemos isso algumas vezes e descobrimos que, enquanto enchíamos nossas estantes de material inútil, esvaziávamos nossos bolsos de recursos preciosos. Agora, antes de comprar, examinamos. Sugerimos que faça o mesmo.

É claro que você também desejará ter obras relacionadas a assuntos seculares, como história, biografias, literatura em geral e os famosos clássicos que ainda são importantes para nós. Essa parte do acervo varia conforme o interesse do pastor, cujo aprendizado deve estar sempre em expansão. A Bíblia é a verdade de Deus e livro algum pode substituí-la, mas os melhores escritos de célebres cristãos e de outros estudiosos podem nos auxiliar no estudo dessa mensagem. Jamais tenha medo da verdade, pois, em sua totalidade, procede de Deus. Phillis Brooks sempre ensinava ao seu rebanho que "todas as verdades se cruzam", visto que Deus é a fonte de toda verdade. Independente da área da verdade que estivermos estudando, ela deve, no fim das contas, levar-nos a Cristo, que é a plenitude da sabedoria de Deus.

Livros são caros! Como um pastor com orçamento limitado pode comprá-los?

Algumas igrejas prevêem no orçamento uma verba anual para que o pastor compre livros, que se tornam propriedade do pastor, não da igreja. Você pode se inscrever em clubes de livros e outros planos econômicos para garanti-los em sua biblioteca. Além disso, não deixe de procurar os títulos de que precisa na Internet. Fique atento às ofertas das editoras, aos itens de mostruário e às promoções realizadas em conferências. Visite os sebos de sua região e os bazares beneficentes. Não raro, você encontrará ótimos livros a preços baixos.

Por fim, nunca compre um livro simplesmente porque está barato. Um livro que você jamais usará não é uma pechincha, é um ladrão.

O tempo é precioso. Além do necessário para preparar o sermão, quanto tempo devo investir na leitura?

A leitura é de extrema importância para um pastor em crescimento. Tudo que você lê pode ser utilizado em seu ministério. O Bispo Quayle[3] fez a seguinte observação: "Toda área do pensamento humano deve interessar ao pregador". Somos humanos, feitos à imagem de Deus, e somos servos, chamados para propagar sua verdade. Quanto mais lermos, melhor desempenharemos nossa função e mais fácil será nosso trabalho.

Nossos próprios interesses e gostos determinarão grande parte daquilo que lemos, mas devemos evitar ler continuamente o mesmo tipo de livro. Durante as visitas pastorais, pare por quinze minutos em uma biblioteca e passeie entre os livros. Atente às prateleiras que trazem novas aquisições. Grande parte das bibliotecas publica informativos periódicos com os novos títulos, portanto inscreva-se para receber essa mala direta. Leia as resenhas publicadas nos melhores jornais e revistas, sejam cristãs ou seculares.

Além de livros contemporâneos, o pastor deve ler o jornal e revistas de notícias. Todos têm falhas, logo selecione os que mais lhe convierem. É claro que você também deverá ler as melhores publicações jornalísticas religiosas.

Um momento ideal para se dedicar à leitura de jornais e revistas é antes ou após as refeições. Pastores que têm o privilégio de almoçar em casa podem usar parte do tempo para relaxar e ler (contanto que a família não tenha assuntos a serem discutidos). Dez ou quinze minutos de leitura antes ou após a janta são proveitosos tanto para a mente como para o corpo. Quando investimos de forma sábia cada tempo disponível, é incrível o quanto conseguimos ler.

Pergunte a seus amigos pastores e aos bons leitores de sua igreja sobre o que estão lendo. Muitas vezes, um título recomendado é exatamente o que você estava procurando.

Mais uma vez, ao atentar à literatura contemporânea, não despreze os grandes livros do passado. Não era Mark Twain que definia um clássico como "um livro que todos comentam, mas que ninguém lê"? Existem alguns livros que devemos ler e conhecer simplesmente por serem marcos da literatura mundial: *Moby Dick,*[4] *Walden, ou a Vida nos Bosques,*[5] *O Peregrino* (é surpreendente o número de pastores que jamais leram o clássico de John Bunyan) e outros que são reconhecidos como grandes obras. Muitos pastores pegam um clássico e levam consigo para ler nas férias. De início, pode parecer um fardo, mas então o texto os captura e eles dizem: "É isso que venho perdendo todos esses anos?"

Um pastor não pode se permitir ser um rato de biblioteca, mas também não pode ignorar os livros. O segredo está no equilíbrio, e pode levar um tempo até que você descubra o que é essencial em sua vida.

Como posso adquirir disciplina a fim de ser mais estudioso?

Quando Deus chama, ele equipa e capacita. Deus pode não tornar você em um outro João Calvino, ou um Carl F. H. Henry,[6] todavia, com certeza, o ajudará a atingir seu potencial. Ele o fará amar a Palavra e você desejará estudá-la e obedecer-lhe. Você precisa das Escrituras não apenas para si mesmo, mas também para alimentar seu rebanho. Um ministério negligente é uma maldição. É digna de pena a congregação cujo pastor evita se preparar e preparar suas mensagens.

Um dos requisitos exigidos de um pastor é que ele seja "apto para ensinar" (1 Tm 3.2), o que implica ser "apto para aprender". A palavra grega aqui utilizada é *didaktikos*, que passou ao nosso idioma como *didático*; ou seja, "destinado a ensinar, instrutivo". Precisamos receber para podermos transmitir. O pastor não pode se dar ao luxo de tudo supor e deduzir, tal qual a aranha ao produzir sua teia; nem pode ser como a formiga, que vive das migalhas que rouba dos outros. Ele deve ser como a abelha, que coleta o néctar, mas "faz seu próprio mel" (tomamos essa comparação emprestada de Bacon). Mudando a ilustração, os pastores ordenham diversas vacas, mas batem a própria manteiga.

O aprendizado faz parte da mordomia. Daremos contas a Deus pelo uso de nosso tempo, capacidades, educação e oportunidades. Com a ajuda do Senhor, pastores que detestam estudar grego podem aprender a utilizar e aproveitar as ferramentas básicas do idioma e, certamente, enriquecer suas vidas e ministérios. Quanto mais fizermos alguma coisa, mais fácil fica fazê-lo. Muitos pastores já odiaram a visitação pastoral, porém, quanto mais visitaram, mais aprenderam a apreciá-la. O mesmo vale para o estudo: insista e chegará lá. Não use desculpas como "não sou do tipo que estuda". Não existe um "tipo que estuda". As palavras de Paulo ainda possuem o mesmo valor que tinham quando foram escritas: "Procura apresentar-te a Deus aprovado, como obreiro que não tem de que se envergonhar, que maneja bem a palavra da verdade" (2 Tm 2.15). E enquanto estiver em 2 Timóteo, aproveite para ler este trecho — 3.13-17.

Para resumir: suas próprias necessidades pessoais, as do seu rebanho e a iniqüidade desse dia mau exigem que ofereçamos o melhor de nós ao estudar. A "espada do Espírito" continua tão afiada como sempre, mas, ao partirmos para a batalha, precisamos aperfeiçoar nossos movimentos com a lâmina.

Observações:

___

___

___

Considerações:

___

___

___

Providências:

___

___

___

Importante: O pastor que deseja montar sua biblioteca deve ler resenhas e consultar as bibliografias disponíveis. Wilburn M. Smith escreveu duas excelentes sobre livros mais antigos: *A Treasury of Books for Bible Study* (Um Tesouro de Livros para o Estudo Bíblico)[7] e *Profitable Bible Study* (Estudo Bíblico Produtivo).[8] A *Baker Publishing* também relançou *Chats from a Ministry's Library* (Diálogos na Biblioteca de um Pastor), do mesmo autor. Harish D. Merchant editou *Encounter with Books* (Encontro com os Livros), "uma bibliografia anotada de 1600 livros sobre cristianismo, artes e ciências humanas". Foi publicada pela InterVarsity em 1970 e é altamente recomendada, em especial por ter sido selecionada por setenta e sete especialistas, não por um ou dois leitores ávidos. Beatrice Batson compilou *A Reader's Guide to Religious Literature* (O Guia do Leitor de Literatura Religiosa),[9] que cobre as "grandes obras religiosas" surgidas na Idade Média ao século XX. Nesse caso, o foco não são livros de estudo bíblico, mas literatura de qualidade que lida com a temática cristã, ou seja, clássicos que o pastor deve ler para enriquecimento pessoal. Uma obra antiga, mas ainda muito útil, é *Commenting and Commentaries* (Notas e Comentários),[10] de Spurgeon. Muitos livros recomendados por ele estão esgotados, porém surpreende a quantidade de títulos ainda disponíveis ou reeditados há pouco tempo. Mesmo não seguindo os conselhos de Spurgeon, você se deleitará com seus comentários vigorosos.

Alguns seminários e escolas bíblicas disponibilizam bibliografias e, muitas vezes, as principais revistas cristãs publicam-nas. Especialmente valiosa é The Minister's Library (A Biblioteca do Ministro),[11] de Cyril J. Barber. Outra obra de grande utilidade é *Bible Study Resource Guide* (Bibliografia para Estudos Bíblicos),[12] de Joseph D. Allison.

Notas

[1] *Westwood, N.J.: Revell, 1954.*

[2] *Pasadena, Texas: Pilgrim Publications.*

[3] *William Alfred Quayle (1860-1925). Erudito e bispo da Igreja Episcopal Metodista na Inglaterra. (N. do T.)*

[4] *Herman Melville, autor. (N. do T.)*

[5] Henry David Thoreau, autor. (N. do T.)

[6] *Teólogo e fundador da* Christianity Today (Cristianismo Hoje*), maior revista cristã em circulação. (N. do T.)*

[7] *Natick, Maine: Wilde, 1960.*

[8] *Natick, Maine: Wilde, 1951. Relançado pela* Baker Publishing *em 1971.*

[9] *Chicago: Moody Press, 1968.*

[10] *Grand Rapids, Michigan: Kregel, 1954. Também editado pela* Pilgrim Publications*; Pasadena, Texas.*

[11] *Baker, 1974. Edição atualizada lançada em 1985, pela Moody Press.*

[12] *Thomas Nelson Publishing House, 1984, edição revisada.*

Capítulo Sete

O CULTO NA IGREJA

Como podemos evitar a mesmice e a monotonia nos cultos públicos?

Comecemos pelos motivos que levam o povo de Deus a se reunir com regularidade: (1) adorar e louvar a Deus, (2) receber instrução e aprender a Palavra, (3) ministrar e incentivar uns aos outros, (4) tomar conhecimento e orar pelas necessidades da congregação e de outras pessoas, e (5) testemunhar aos perdidos. O fato de nos reunirmos semanalmente já testifica diante da comunidade que cremos que Jesus está vivo. Onde há vida, há crescimento, e onde há crescimento, você encontra variedade e mudanças. Se permitirmos que o "Espírito de vida" (Rm 8.2) nos guie e fortaleça, nossas reuniões não serão enfadonhas e maçantes. Mas, se imitarmos os atenienses, que estavam sempre procurando "alguma novidade", transformaremos o culto em um "espetáculo", um "lazer religioso", e isso é algo que devemos evitar. Variedade e diversidade, sim; novidades, não; união, sempre.

Assim sendo, a oração e a orientação do Espírito Santo são essenciais para preparar cada culto. Algumas igrejas prestam bastante atenção ao calendário cristão e não se limitam a celebrar apenas a Sexta-Feira Santa, a Páscoa e o Natal, mas também o Pentecostes e outros importantes eventos que carregam significado espiritual. Cada culto deve ser uma oportunidade para adoração e glorificação a Deus, mas podemos também abordar missões, evangelização, educação cristã e outros temas, sendo que Jesus Cristo deve sempre estar no centro de tudo (Ap 5).

Aqueles que dirigem o culto devem ser líderes de adoração, em tudo procurando honrar ao Senhor, não chefes de torcida que conduzem uma festa religiosa. *Preparar e dirigir a adoração da igreja é um dos mais difíceis ministérios e não deve ficar a cargo de amadores.* Leva tempo ensinar uma igreja a adorar. Não podemos agradar a todos, nem devemos tentar, mas devemos procurar ser bíblicos e, à medida que compreendermos a Palavra, agradaremos a Deus.

Embora os elementos compreendidos no culto de adoração sejam sempre os mesmos — música e canções, oração e leitura bíblica, ofertas e pregação —, o modo como são reunidos, quem participa e o que procuramos realizar são fatores que mudam a cada semana. A palavra "mudança" é uma ameaça para algumas pessoas, principalmente os membros mais idosos; porém, para os mais jovens, um prazer. Precisamos ser sábios, amorosos e pacientes. A igreja é uma família, formada por pessoas de todas as idades e em diferentes estágios de desenvolvimento espiritual (leia Tito 2). Ao formularmos nossos planos, devemos ter a família inteira em mente. Os crentes mais maduros devem ajudar os mais jovens a crescerem em graça, (2 Tm 2.2) e, ao fazê-lo, manifestem essa mesma graça. Quem já criou uma família compreende o quão desafiador isso pode ser.

Quando os cultos regulares se tornam previsíveis, em geral, caem na rotina e se tornam rituais, o que exclui todo o sentimento. Cultos de adoração equilibrados devem ter continuidade, ou as pessoas não serão capazes de adorar em união, mas também devem ter diversidade, ou os adoradores poderão participar sem muito entusiasmo ou sonolentos. O Senhor algumas vezes nos surpreende, como fez na igreja de Jerusalém (At 4.31) e com Pedro, na casa de Cornélio (At 10.44-48).

De qualquer forma, planeje repertórios variados de canções e registre as que utilizar. Quer o acompanhamento dos hinos seja feito em hinários quer com a letra projetada em uma tela, é importante haver equilíbrio e diversidade. É surpreendente como são poucos os hinos inteiramente compreendidos pelas congregações. Martinho Lutero costumava reunir o rebanho durante a semana para ensinar os hinos que seriam usados no domingo seguinte e explicar o significado bíblico de cada um.

Cuidado com discursos rotineiros no púlpito. O pastor deve variar o modo como recebe os visitantes e dá os anúncios. Não há motivos para um "leigo" não assumir essas tarefas. Algumas igrejas, em um ato de fé, eliminam de todo os anúncios de púlpito e confiam que as pessoas lerão o boletim, ou passam os anúncios através do projetor durante o culto.

É de vital importância permitirmos que o rebanho exerça os dons do Espírito, em vez de serem apenas espectadores de um programa religioso. Pedir às pessoas piedosas que contem seus testemunhos durante os cultos pode ser uma grande bênção. Melhor ainda quando o relato se encaixa no tema da mensagem. Vez por outra, escale alguns membros para lerem o capítulo (ou capítulos) do dia, mas certifique-se de que estejam preparados. Não é sábio destacar alguém para ler a Bíblia em público alguns minutos antes do culto. Talvez toda uma família possa se preparar durante a semana e ler a passagem (ou passagens) do culto.

Em geral, o culto da manhã possui uma atmosfera mais voltada para a oração e o ensino, e o da noite é mais propício à adoração. Não conhecemos nenhuma doutrina bíblica que exija isso, mas esse parece ser o funcionamento mais comum nas igrejas. É preciso haver liberdade e unidade espiritual em todos os cultos, mas não precisamos estruturá-los todos da mesma forma. “Não inventar moda” pode significar estar “fora de moda”.

O CULTO DA NOITE ESTÁ RAPIDAMENTE DESAPARECENDO DE MUITAS IGREJAS. O QUE VOCÊS ACHAM DISSO?[1]

Conforme o registro bíblico, os primeiros cristãos se reuniam principalmente nas noites do primeiro dia da semana (Jo 20.19-29; At 20.7). Antes de mais nada, esse não era um “dia de folga”, as pessoas tinham de trabalhar. Os escravos cristãos precisavam de permissão para comparecer às reuniões e os outros crentes trabalhavam durante o dia para se sustentar. Eram basicamente “igrejas caseiras”, que também se reuniam durante a semana para comunhão e oração. A Igreja Primitiva não fazia questão de “dias”, mas encorajava as pessoas a exercerem sua liberdade (Rm 14; Cl 2.16-23).

Os cultos da noite eram, antes de tudo, voltados para a evangelização, e os membros eram incentivados a trazer visitantes aos cultos. Podemos nos lembrar de muitas e maravilhosas noites de domingo, com a igreja lotada, quando as pessoas eram trazidas a Cristo, porém os tempos mudaram. Quando uma igreja se reúne no fim do dia de domingo, o faz usualmente, no fim da tarde, com o principal objetivo de edificar os santos, e não de evangelizar os perdidos. A maioria daqueles que não conhecem o evangelho, bem como muitos dos que o conhecem (lamentavelmente!), prefere ficar em casa nas noites de domingo e assistir à televisão ou jogar videogame. Além disso, em alguns lugares é perigoso sair à noite e, sobretudo os mais velhos, hesitam em deixar a segurança do lar.

As igrejas que aboliram os cultos noturnos não são necessariamente apóstatas ou mornas; apenas precisaram se adaptar às mudanças na sociedade. A evangelização, por sua vez, ocorre durante a semana, através do testemunho pessoal de crentes e de visitas programadas, que são realizadas por evangelistas treinados, como no programa "Explosão Evangelística".[2] Excetuando o que ocorre nas cruzadas metropolitanas e nas campanhas em grandes igrejas (mormente no "Cinturão da Biblia"[3] norte-americano), a maior parte dos "bebês espirituais" não nasce em público, mas em sua própria sala de estar. Vão à igreja depois e, então, fazem uma confissão pública de fé. O importante é que o evangelho seja propagado, e as pessoas sejam salvas. Essa era a prática na Igreja Primitiva (At 2.42-47; 4.32-35).

Se seu rebanho deseja um culto noturno e pretende freqüentá-lo, a estrutura do culto deve ser diferente do que ocorre no domingo pela manhã. Mantenha-o alegre e radiante, com louvores entusiasmados, a melhor música e uma pregação interessante e convidativa. Não nos agrada o termo "pregação popular", pois ele soa a superficialidade e encenação, mas use textos e temas que toquem a vida das pessoas. Poucos irão à igreja no domingo à noite para aprender sobre a geografia do Monte Pisga ou a história de Moabe, mas bem podem aparecer para ouvir sobre "O homem que não deveria ter existido" ou "O passado à nossa frente".

Dê o melhor de si ao planejar, preparar-se e orar, confiando nas bênçãos do Senhor. Ainda que nem tudo saia como você gostaria, o Senhor estará com você e certamente poderá operar.

Por favor, dê alguns conselhos sobre os cultos de meio de semana.

Tal qual o culto da noite, o culto de meio de semana vem sendo aos poucos posto de lado, mas isso não é motivo para entrarmos em pânico. Não há nada sagrado, ou imutável, no calendário semanal da igreja. Temos o privilégio de acertar as coisas de tempos em tempos, a fim de melhorar o atendimento ao rebanho e a evangelização dos perdidos. Atualmente, algumas igrejas usam esse horário em programas voltados para crianças e jovens, ensaios do coral e estudos bíblicos opcionais, de modo que as instalações da igreja sejam sempre utilizadas para um bom propósito.

Outras separam uma noite na semana para reuniões de "grupos pequenos". Tais reuniões de oração e estudo bíblico ocorrem nos lares e, via de regra, a freqüência é maior que nos cultos de meio de semana na igreja. São grandes os méritos do ministério de grupos pequenos, mas é preciso ter cuidado para que nenhum dos grupos vire uma panelinha, tornando-se um fator desagregador. João Wesley foi buscar o conceito das "sociedades religiosas" na Igreja da Inglaterra, ou Anglicana, e transformou-o na espinha dorsal do metodismo. Sociedades maiores eram divididas em "classes" e então em "grupos", de forma que as pessoas ministrassem umas às outras.

Se você tiver um culto no meio da semana, é preciso prepará-lo cuidadosamente, mas ele não deve ter uma estrutura muito rígida. Permita que as pessoas reajam à Palavra na medida que forem aprendendo. Faça perguntas e deixe que compartilhem as experiências que tiveram ao confiar no Senhor. "O vento assopra onde quer" (Jo 3.8), portanto deixe que o Espírito oriente tanto a preparação como a condução dos cultos. Muitas pessoas precisam de um "oásis espiritual" durante a semana, então torne a reunião inspiradora e encorajadora. Apesar de planejar o culto, cuidado para não tentar forjar resultados espirituais. Toda igreja precisa orar, quer unida no templo, quer em pequenos grupos nos lares (At 2.42-47).

Uma palavra de advertência: caso se sinta levado a fazer mudanças substanciais na adoração da igreja, espere o tempo necessário para conhecer as pessoas e adquirir a confiança delas. Consulte os líderes e esteja sempre certo de fazer as mudanças no tempo de Deus e conforme a vontade divina. Persuadir um grupo de jovens "animados", ao mesmo tempo que afasta os membros mais velhos que construíram a igreja, está longe de ser uma atitude sábia. Toda a igreja, como uma família, deve trabalhar em união. Mudar por mudar não passa de novidade; mudar em prol de uma melhora é progresso.

O segredo está em nossa própria experiência de crescimento espiritual. Se você viver na plenitude do Espírito, isso será demonstrado na condução dos cultos públicos. Por favor, não tente imitar algum pastor que admira muito — seja você mesmo, e o Espírito usará sua vida para o trabalho que lhe destinou.

Devemos sempre fazer um convite público?

Sempre transmita o evangelho e deixe claro que, para nascer de novo, as pessoas devem crer em Cristo. Você nunca sabe quem está precisando ouvir essa mensagem. É claro que, além de descer por um corredor, existem outras formas de responder ao convite de Deus, mas um apelo no encerramento do culto é uma boa oportunidade. Não é preciso cantar durante vinte minutos para fazer convidar um pecador a aceitar a Jesus; qualquer hino ou canção evangélica pode ser usado para "puxar a rede". Por mais de uma vez, nossa pregação foi voltada para a igreja e encerrada com um hino de adoração, contudo vimos pessoas não salvas chegarem a Cristo. Ao anunciar o hino de encerramento, esclareça que se trata de uma oportunidade de decisão.

Após o término da canção, frise sua disponibilidade para aqueles que queiram conversar após o culto. Nem todo bebê nasce em público. Muitas vezes vi pessoas virem a Cristo após o final da reunião. Além disso, visitas de acompanhamento nos lares podem produzir resultados. Deve-se evitar dizer: "Agora, se algum de vocês desejar aconselhamento espiritual, fale com um de nós". Quem são tais conselheiros e onde se encontram? Como podem ser reconhecidos? Assegure-se de ter um lugar específico, onde as pessoas possam procurar ajuda. Bem poucos visitantes abordarão um estranho e pedirão conselhos. Em algumas igrejas, os conselheiros vestem plaquetas de identificação, o que poupa confusões e constrangimentos.

Não precisamos nos desculpar por fazer um convite, mas não devemos usar a resposta (ou ausência dela) como um teste para o sucesso do culto. A colheita se dará no fim dos tempos e não no fim do culto. Um convite público não é necessariamente uma prova de ortodoxia, porém sua ausência (ou resistência a ele) também não é um sinal especial de espiritualidade. A maioria dos cultos de adoração é encerrado com um hino, que é escolhido para nos ajudar a reagir à Palavra que ouvimos. Após isso, um apelo de Deus se encaixa perfeitamente (Ap 22.17). Aqueles dentre nós que ministram em igrejas de metrópoles jamais sabem quem está no culto, nem as necessidades dos presentes. Pelo que sabemos, algum estranho pode estar presente e pensando em pular de uma ponte. Um convite carinhoso pode ser usado por Deus para trazê-lo a Cristo.

As pessoas se ressentem das pressões e intimidações em um convite para crer em Cristo. Se o Espírito não estiver puxando a rede, melhor dar o convite por encerrado. Se o Espírito levá-lo a continuar, siga em frente, mas jamais substitua o poder divino pela pressão humana, ao empreender um trabalho espiritual.

Como podemos evitar o "declínio do verão"

Não vemos razão para, no período do fim de ano, relaxarmos no ministério e dizermos a Deus que todos saímos em férias. Com certeza, parte dos membros se ausentará, mas outros trarão parentes, visitantes aos cultos, o que proporcionará algum equilíbrio.

Psicologicamente, não é uma boa idéia falar sobre a expectativa de um declínio no verão. Se o anunciarmos, é bem provável que ele venha, podendo durar mais que o próprio verão. Desafie as pessoas a fazerem diferença nesses meses e entregue-se com afinco a essa proposta. Diga-lhes que aproveitem as férias e voltem prontas para trabalhar. Aliás, convide-as a testificar Cristo mesmo durante esse período e dê-lhes as ferramentas para tal. Pode levar alguns verões, mas com certeza você terminará por transformar o período de férias em tempo de colheita.

Planeje uma série especial de sermões para as semanas do verão, todavia não a exposição de um livro bíblico. As pessoas estarão sempre indo e vindo e poderão perder muito. Use os salmos, as parábolas ou milagres do Senhor, ou tópicos práticos, como os aludidos por Paulo ao dizer: "jamais deixando de vos anunciar coisa alguma proveitosa" (At 20.20). No caso de você sair em férias, providencie a melhor pessoa possível para o púlpito. Anuncie com antecedência, para que todos saibam que a igreja funcionará durante todo o período. Na realidade, como algumas igrejas de sua região podem entrar em férias durante o verão, você poderá efetivamente alcançar muitas novas pessoas que procuram um lugar para congregar.

Durante o inverno, planeje como usar os universitários e não deixe de pôr os adolescentes para trabalhar. Muitas igrejas alcançam ótimos resultados ao promover atividades semanais de evangelização infantil, que não passam de programas de estudo bíblico de férias realizados no quintal de alguém, com o objetivo de alcançar as crianças da vizinhança. Se você vive em uma cidade, esses programas podem ser realizados em diversos locais ao longo de todo o tempo das férias, com almas sendo alcançadas para Cristo, e novas crianças para a Escola Dominical. Programas de acampamento de um dia também são eficientes. As crianças se reúnem na igreja e são levadas de ônibus para algum lugar, onde lhes é oferecido um programa completo de lazer e lições bíblicas. É algo como uma escola bíblica móvel. Na livraria cristã local, você certamente encontrará ferramentas e treinamento para esse tipo de ministério.

Vemos o período de férias como um ótimo momento para desenvolvermos atividades especiais com as crianças, os mais jovens e os universitários, que ficam ocupados o resto do ano. Faça planos com antecedência, para que todos na igreja possam se organizar. Não é preciso planejar um circo para atraí-los, mas busque oferecer variedade e vitalidade. Lance mão de atividades ao ar livre. As pessoas muitas vezes têm mais tempo para servir nas férias que em épocas normais, portanto planeje formas de pô-las todas para trabalhar. O verão é ótimo para cultos e atividades de evangelização ao ar livre, além de ser uma boa oportunidade de alcançar aqueles que desaparecem durante os outros meses. Se decidirmos que não há nada a ser feito, nada será feito. Veja o período de férias com uma atitude positiva e de fé, incentivando seu rebanho a adotar essa visão.

O que posso fazer para que a prática da Ceia do Senhor seja uma experiência espiritual significativa para a igreja?

Prepare-se para a Ceia do Senhor. Organize o culto de forma a haver bastante tempo para a cerimônia. Escolha com cuidado os hinos. Tente evitar anúncios longos e desnecessários (eis uma boa sugestão para qualquer culto!) Pregue uma mensagem que fale sobre Cristo e a cruz. Na Ceia do Senhor, lembramo-nos de nosso Salvador, não de nossos pecados, por isso enfatize seu amor e sua graça. A postura do pastor faz uma grande diferença na criação da atmosfera espiritual correta para a Ceia. Se você ficar impaciente ou aborrecido com um tempo reduzido para o sermão, as pessoas perceberão isso.

O dia e a freqüência da celebração da Ceia variam de igreja para igreja. De forma aparente, a Igreja Primitiva realizava a Ceia sempre que se reunia. As igrejas que funcionavam nos lares, possivelmente, observavam-na ao fim da refeição principal. Nunca se esqueça de que, por vezes, o trabalho das pessoas pode impedir que compareçam aos cultos de domingo pela manhã. Sendo assim, será necessário um culto de Ceia em algum outro horário. Uma noite dedicada exclusivamente à Ceia do Senhor pode ser uma grande e maravilhosa experiência.

Você já pensou em realizar este evento no início do culto, em vez de no fim? Assim, você e a congregação não precisam se preocupar com o tempo, e a duração da mensagem pode ser ajustada com facilidade. Antes da participação na Ceia, os líderes da Igreja Primitiva costumavam despedir visitantes e crentes que não tivessem sido batizados, mas não fazemos isso hoje em dia. A Ceia "proclama a morte do Senhor até que ele venha", portanto há uma mensagem para os presentes que ainda não são salvos. Se você for cuidadoso nesse assunto, explicando com clareza aos fiéis o significado dessa cerimônia, os visitantes compreenderão e ninguém ficará constrangido.

Ensine ao rebanho o significado da Ceia do Senhor. Prepare seu próprio coração e diga a seus colaboradores que façam o mesmo. Reúna-se de antemão com eles para um período de oração e consagração. Se seus corações estiverem em comunhão com Deus e entre si, Deus derramará suas bênçãos.

Notas

[1]Nos EUA, o culto mais concorrido é o matinal, aos domingos. No Brasil, ambos os cultos — matutino e vespertino — costumam ser igualmente freqüentados. (N. do E.)

[2]Evangelistic Explosion International. *Programa de treinamento para evangelização, presente em cerca de 200 países, criado há mais de 35 anos pelo Dr. James Kennedy. (N. do T.)*

[3] Bible Belt. *Área no sudeste dos Estados Unidos, com cultura fortemente influenciada pelo evangelho. (N. do T)*

Capítulo Oito

ATIVIDADES E PROGRAMAS

Como posso ministrar melhor aos jovens da igreja?

Comece por amá-los e não temê-los. Alguns pastores se sentem intimidados diante dos mais novos, pois imaginam que todo ministro precisa ser especialista em jovens, a fim de alcançá-los e ajudá-los. Essa filosofia é falsa. O fato de haver ministros a quem Deus capacitou de forma especial para o trabalho com jovens não significa que o pastor típico deva ficar de fora. Se você for sincero, carinhoso e verdadeiro, eles o respeitarão. Se receberem sua atenção, ouvirão o que tem a dizer. Os jovens buscam situações reais, por isso seja verdadeiro, não um arremedo de adolescente. Aja como um adulto maduro e eles o aceitarão; imite-os, e rirão de você.

Aprenda a ouvir. Mesmo diante de críticas tolas e idéias bizarras, ouça os jovens com paciência e tente manter uma atitude positiva. Isso não significa que você precise sempre concordar com eles; quando discordar, faça-o de forma construtiva, aceitando todos os pontos positivos. Eles já ficam satisfeitos apenas com a oportunidade de se expressar. Ouvidos e coração abertos são fundamentais para a construção de um sólido ministério jovem em sua igreja.

Ore nominalmente por cada jovem. Algumas igrejas fornecem listas atualizadas, para que líderes e colaboradores saibam por quem interceder em suas orações diárias. Você ficará surpreso com o que Deus fará. Ore também pelos jovens que estão distantes, nas faculdades e universidades, e não se esqueça dos que estão nas forças armadas, mantendo a igreja sempre informada das necessidades e realizações de cada um.

Deixe que os adolescentes participem do planejamento e da apresentação da atividade para os jovens. Defina metas e diretrizes, mas deixe que executem enquanto você e os respectivos responsáveis orientam. Tente não tecer críticas em público; uma conversa particular com um adolescente problemático traz muito mais sucesso.

Tudo na programação dos jovens deve visar a objetivos espirituais. A igreja pode ter dificuldades em competir com outros programas, quando se trata de atividades desportivas ou profissionalizantes, mas esteja certo de que, em questões espirituais, a vitória é garantida. Passe um conhecimento prático da Bíblia aos adolescentes. Onde mais eles poderiam conseguir isso? Ensine-os a forma cristã de enfrentar e resolver problemas. Ajude-os a compreender e aceitar uns aos outros. A igreja deve criar uma atmosfera instigante, na qual os adolescentes possam amadurecer, descobrindo e desenvolvendo seus dons; uma atmosfera em que possam se tornar adultos equilibrados nos aspectos físico, social, intelectual e espiritual.

Algumas vezes, o pastor deve atuar como diretor do ministério de jovens até conseguir treinar alguém para a função. Se isso for necessário, não se sinta como se estivesse perdendo tempo, pois estará investindo nas pessoas que são o futuro da igreja. Ao alcançar um deles, você está tocando toda a família. Peça a Deus que levante pessoas dedicadas, que se identifiquem e trabalhem com os mais jovens. Não seja impaciente: quando os responsáveis certos aparecerem, você ficará feliz por ter esperado.

Tenha-os sempre em mente ao se preparar para o culto de domingo. É uma boa idéia lembrar-se deles na oração pastoral, e certifique-se de alimentá-los espiritualmente em cada mensagem. Procure se manter informado do que está acontecendo nas escolas e nunca deixe de reconhecer quando realizarem algo digno e especial. Às vezes, um bilhete é o suficiente: os jovens gostam de receber recados, sejam eletrônicos ou tradicionais.

Se seus adolescentes parecem impossíveis, faça o melhor que puder, mas comece um trabalho com os pré-adolescentes e crie seu próprio grupo de jovens. Levará dois ou três anos, mas valerá a pena. Lembre-se também de que bons grupos de jovens vêm e vão, portanto não se desanime se a turma do ano seguinte não for tão esforçada como a atual. Após a formatura no Ensino Médio, muitos líderes adolescentes partirão e você terá de começar tudo de novo, por isso planeje de antemão. Fique sempre atento a fim de descobrir líderes talentosos e mantenha alguns “Timóteos” em treinamento.

Tente planejar o programa de jovens com bastante antecedência. Aliás, o melhor é sempre manter um planejamento com dois meses de antecedência. Faça reuniões com os próprios adolescentes e você ficará surpreso com as ótimas idéias que surgirão. Variar é crucial: alterne os temas, mude os locais, varie os participantes, planeje algumas surpresas. Durante o verão, aproveite para fazer atividades ao ar livre. Planejando seu calendário, não ocorrerão muitos problemas com o programa.

Não fique desanimado. Muitas vezes, o adolescente mais trabalhoso acaba se tornando um servo cristão produtivo ou um líder na igreja. Quando se sentir tentado a desistir, lembre-se de que você também já foi um adolescente e volte ao trabalho.

Recolha materiais que possam ser usados em atividades com os jovens, mas descarte aqueles programas de conteúdo fraco que os tratam como criancinhas. Eles precisam de material de apoio e não de roteiros a serem seguidos.

Por fim, ensine-os a evangelizar. Jovens que testemunham o evangelho são jovens que crescem. Você terá menos problemas com adolescentes que se preocupam em alcançar seus amigos para Cristo. No coração daqueles que estão entusiasmados com Cristo, arde o desejo de partilhar a fé com outras pessoas, portanto, proporcione oportunidades para tal. Com um maior afluir de novos convertidos, haverá menos problemas com as panelinhas e o número de participantes necessários aos ministérios.

O pastor deve lecionar em uma classe da Escola Dominical?

Alguns sim, outros não.

Entre os pontos favoráveis à atuação do pastor como professor, contam-se os seguintes: ele conhece a Palavra e deve ser "apto a ensinar"; pode dar um bom exemplo e demonstrar aos outros professores como lecionar a Bíblia com eficiência; certamente é o mais interessado no sucesso da Escola Dominical, e ensinar é a melhor maneira de evidenciar esse interesse; ele dispõe de tempo para visitar e cultivar uma classe bem-sucedida; e ensinar numa classe é uma grande oportunidade para se ganhar almas e fazer contato com novas famílias.

Agora os desfavoráveis: lecionar em uma classe pode ser desgastante e trazer dificuldades à pregação da mensagem de domingo pela manhã. Ao sair da igreja, ele deixa um espaço que pode ser difícil de preencher. Algumas vezes, o novo pastor não deseja ensinar em uma classe. A preparação das aulas pode roubar um tempo que deveria ser utilizado em outras atividades. Por fim, alguns pregadores podem se sentir menosprezados, ao compararem suas aulas com as do pastor.

Cremos que ele deve assumir uma classe, contanto que sua saúde o permita. Muito provavelmente, será uma classe de adultos, para que os outros possam se beneficiar de seu ministério. Geramos descendentes segundo nossa espécie, logo não há motivo para que a classe do pastor não forme novos professores para a Escola Dominical. O argumento da competição entre ele e os outros professores é infantilidade: na igreja de Deus ninguém compete com ninguém. Nós somos "cooperadores de Deus" (2 Co 6.1, NVI). O pastor, ao lecionar, sem dúvida elevaria o nível geral de ensino.

Existe o perigo de utilizar todo seu material em classe, privando o resto da igreja? Dificilmente! A Bíblia é um tesouro de riquezas espirituais e, ainda que alguém a pregasse ou ensinasse cinqüenta vezes por semana, não conseguiria exauri-la (embora ele mesmo pudesse ficar exausto). Muitos pastores já descobriram que, ao longo da preparação das aulas da Escola Dominical, são desenterrados muitos tesouros a serem utilizados de púlpito. Buscando continuamente na Palavra, você não terá problema algum em descobrir as riquezas espirituais necessárias para cada responsabilidade ministerial da semana.

Ao assumir essa responsabilidade, leve o tempo que for necessário para descobrir a classe que Deus lhe separou. Caso assuma a mesma classe do pastor anterior, deixe claro que é uma situação temporária. Pode ser que você constate deficiências em determinadas áreas da escola, o que fará com que as assuma. Resolva essas questões, encontre alguém para comandá-las e siga para outra.

Não deverá haver conflitos entre as funções de pastor e professor da Escola Dominical. Alguns alunos podem tentar criar problemas ("Queremos assistir às aulas do pastor!"), os quais devem ser resolvidos pessoalmente e de forma gentil. Alguns pastores gostam de ensinar a uma classe maior, onde caibam todos os adultos que desejarem comparecer e até mesmo os visitantes. Tal classe se torna uma fonte de alunos para os outros professores, contudo pode também atrair pessoas que deveriam estar nas outras classes.

Com o crescimento da igreja, aumenta a necessidade de se formarem grupos menores, como as classes da Escola Dominical e os pequenos grupos.[1] É nesse ambiente que as pessoas se conhecem, descobrem seus talentos e encontram onde trabalhar para o Senhor. Use sua Escola Dominical para atrair e treinar adultos, e você, provavelmente, alcançará a família inteira. É aqui que o pastor precisa ter um ministério da maior eficiência.

Como consigo impor limites de idade nas classes da Escola Dominical e em outros grupos destinados a determinadas faixas etárias?

Com muito esforço!

Na maioria dos casos, as crianças e os adolescentes não apresentam problemas — é o público adulto que nos traz mais dificuldades. "Um amigo é aquele que se lembra de seu aniversário, mas não de sua idade." Existem duas formas de lidar com a situação, mas elas não devem solucionar o problema. Uma é deixar que a classe continue nas mãos do mesmo professor, até que tenha de ser dividida. Algumas escolas dominicais passam por reorganizações a cada três ou quatro anos. É como uma "dança das cadeiras" religiosa, mas, se for feita com a intenção certa, pode ajudar a ajustar a divisão por idades.

A segunda sugestão consiste em organizar uma classe aberta para adultos. Algo como uma classe geral para todos que não queiram se identificar com determinada faixa etária. Não raro, a turma do pastor ou a maior se enquadra nessa categoria.

Um antigo pregador do interior acertava em cheio quando dizia: "Aprenda a cooperar com o inevitável". Não será fácil impor rígidos limites de idade e estamos convencidos de que isso não é bom para uma Escola Dominical em crescimento. Afinal de contas, são grupos de voluntários, ninguém é obrigado a comparecer. Pode ser perigoso impor sua autoridade a adultos em nome da educação religiosa.

Muitas escolas dominicais são muito bem-sucedidas com classes facultativas para os adultos. Tais programas permitem que eles, ao menos uma vez por ano, se reúnam em torno do mesmo interesse e não por faixa de idade. Ainda assim, por mais que você se esforce, ainda haverá alguns simpáticos adultos cuja canção favorita será: "Daqui eu não saio, daqui ninguém me tira". Sem jamais apagar as diretrizes lógicas que impedem o caos em qualquer organização, aprenda a conviver com isso e a rir da situação.

Como posso ajudar o ministério de louvor da igreja?

Nosso amigo, o falecido J. Vernon McGee, certa feita disse: "Quando Satanás caiu, estatelou-se nos bancos do coral!" Certo professor de um seminário chamava o ministério de louvor de "departamento de guerra da igreja". Infelizmente, isso é verdade em algumas igrejas locais, mas não precisa ser assim.

Comecemos com um princípio básico: a música na igreja deve expressar a sua vida espiritual. Em Colossenses 3.16 a música é vinculada à ministração da Palavra, à edificação recíproca da igreja e ao estado do coração do crente. Em outras palavras, se houver problema com o louvor, o coração do problema é o problema no coração. Fazer um novo hinário ou comprar um teclado caro não solucionará a questão. Somente uma profunda obra do Espírito no coração do rebanho é que resolverá o problema. Portanto, ao ministrar a Palavra, ensine o que significa louvar, e também o que significa orar.

Bons cristãos podem discordar quanto a gostos musicais, mas, se tiverem uma mentalidade espiritual, devem concordar nos seguintes pontos: as letras devem ser fiéis à Palavra; a melodia deve combinar com a letra, a fim de que uma complete a outra; e aqueles que executam o louvor devem fazê-lo de coração e em sinceridade.

Não há problema algum com o primeiro ponto: qualquer estudante da Bíblia pode dizer quando uma música não é doutrinariamente sólida. Um cantor não tem o direito de entoar uma mentira, assim como um preletor não pode pregar uma mentira. É no segundo ponto que aparece o problema, porque nem todo cristão sabe avaliar o casamento entre a música e a letra. As melodias, tal qual as saladas, atraem diferentes tipos de pessoas, portanto devemos aqui exercitar todo amor e paciência.

Quanto ao terceiro ponto, somente o Senhor (e os músicos) sabe quando uma canção é apresentada com um coração sincero. Temos aqui a diferença entre ministério e performance: o ministério vem do coração e busca glorificar a Cristo, não o músico. Todos aqueles que ministram o louvor em público na igreja devem obedecer à verdade bíblica apresentada na música. Qualquer coisa inferior a isso é hipocrisia. Para resumir: a música na igreja deve ser formada por letras e melodias que combinem entre si, e executada por pessoas espiritualmente adequadas. Seu propósito é glorificar a Cristo, expressando a verdade eterna e testificando a grandeza de Deus.

O louvor da congregação apresenta alguns desafios específicos. À medida que cresce no Senhor, a igreja precisa expressar sua experiência e fé de novas maneiras. Você não pode ficar cantando "Mais perto quero estar" para sempre. O coral pode ser usado para apresentar novas canções ao rebanho. No início, alguns membros serão resistentes. Contudo, se as canções forem apresentadas de forma espiritual, eles serão tão abençoados que a resistência diminuirá. Vincule cada canção à Palavra de Deus. Após a execução de um hino ou música evangélica, repasse a letra linha por linha e pergunte à congregação sobre versículos relacionados àquelas palavras. Essa pode ser uma experiência importante para a igreja, tornando aquele velho hinário um novo livro. Você pode até pregar uma série de mensagens sobre os antigos hinos e os melhores coros de louvor.

Existem três fundamentos para uma boa música cristã: espiritualidade, equilíbrio e excelência. Certifique-se de que haja diversidade e equilíbrio: o excesso de algo pode ser tão destrutivo quanto sua falta. Nunca se esqueça de que os adoradores estão em diferentes estágios de crescimento espiritual. Além disso, alguns bebês na fé também precisam expressar seu amor. Por fim, nunca se contente com a mediocridade, busque a excelência. Nem toda igreja pode arcar com um bom diretor musical, mas o Espírito, além de trazer pessoas talentosas para dentro da igreja, dá dons ao rebanho. Ore pelo tipo de liderança musical de que você precisa, quer seja um ministro em tempo integral ou de meio período. E seja paciente. Não critique o louvor publicamente, constrangendo as pessoas. Trabalhe nos bastidores para desenvolver espiritualidade, equilíbrio e excelência, que Deus o ajudará a realizar todas as mudanças na hora certa.

Por falar nisso, quando o grupo de louvor se esforçar para planejar e preparar as músicas da adoração, esteja certo de pregar um sermão à altura. Não perca tempo em assuntos secundários e corra para o púlpito! Com os corações já preparados pelo louvor para ouvir a Palavra de Deus, não perca o foco. Se os músicos foram excepcionais, mande um recado para o líder e agradeça.

Como podemos encontrar missionários confiáveis a quem apoiar?

Em geral, sua denominação ou associação possui missionários que já foram analisados e são dignos da oração e do sustento financeiro por parte da igreja. Evite missionários vinculados a juntas facciosas, como as formadas pelo missionário, sua esposa, o sogro e a tia-avó. Sua política deve incluir a exigência de que todo missionário pertença a organizações de confiança. Juntas missionárias com práticas sólidas, ou seja, que tenham auditorias contábeis anuais, que apresentem os devidos recibos e sejam comandadas por diretorias qualificadas. Muitas igrejas exigem que as juntas pertençam à IFMA, *Interdenominational Foreign Missions Association* (Associação Interdenominacional de Missões no Exterior), ou à EFMA, *Evangelical Foreigh Missions Association* (Associação Evangélica de Missões no Exterior). Se a junta for confiável, o missionário, normalmente, também o será.

Converse com outros pastores. No caso de considerar determinado(a) missionário(a), realize uma entrevista pessoal e busque informações em sua igreja de origem e junto a outras igrejas que o(a) sustentam. Evite aqueles que estão sempre mudando de campo. A menos que sejam pessoalmente entrevistados e tenham a chance de se familiarizar com a igreja e suas políticas, missionário algum deve ser incluído no orçamento da igreja.

Um ponto em que se deve ter cautela são as recomendações de membros da igreja. Algumas das ovelhas são ingênuas e crêem em tudo que lêem nos informes que recebem pelo correio. Ouça-as com atenção, mas não assuma compromissos. Nunca ceda seu púlpito a um missionário que não tenha sido recomendado por um outro pastor ou missionário de sua confiança. O fato de um dos membros resolver partir em missão não implica o sustento por parte da igreja. O melhor é apoiar, em primeiro lugar, nossos próprios membros, mas cada candidato deve ser avaliado individualmente. Nesse ponto, a política de missões da igreja é de grande valor.

Tente manter um programa equilibrado entre missões domésticas e no exterior. Algumas igrejas enviam todos os seus recursos para a África ou o Japão, esquecendo-se de que Jesus nos enviou a todo o mundo. Algumas igrejas apóiam apenas iniciativas evangelísticas, não se lembrando de que cristãos também precisam de hospitais e instituições de ensino. Simplesmente porque uma família missionária está "descoberta", não significa que devemos sustentá-la. Tenha em vista o ministério como um todo, um quadro global de um mundo que precisa de Cristo.

Meu problema é que a igreja é de tal forma voltada para missões, que negligencia a igreja local! Que devo fazer?

Oswald J. Smith expressou isso de forma magnífica: "Quanto mais longe a luz brilhar, mais ela brilhará onde está". Pregamos em igrejas caindo aos pedaços porque todo o dinheiro é mandado para fora, onde os missionários o utilizam para construir e reformar suas igrejas! O Versículo 8 de Atos 1 nos orienta a ministrarmos em casa (Jerusalém) *e até aos confins da terra.* A conjunção utilizada é "e", não "então" ou "ou". Se os missionários forem privados de sua igreja de origem, que poderão fazer?

Eis a solução: oração, paciência e pregação. Igrejas precisam ser instruídas e isso leva tempo. Ganhe almas para Cristo, ensine seu rebanho a testemunhar e em pouco tempo um fogo abrasará a igreja. No orçamento, defina a programação financeira da igreja e das atividades missionárias, mantendo um equilíbrio entre elas. Lembre o rebanho de que não é pecado gastar dinheiro nas instalações e suprimentos da igreja. Seus próprios missionários, ao retornarem, podem ser de grande ajuda. Eles sabem que o trabalho missionário se encerra quando as igrejas perdem a capacidade de sustentá-los.

Nas orações pastorais públicas, cite seus nomes e tente sempre mantê-los com recursos para algumas semanas, mas não deixe de orar pela obra na igreja local, reconhecendo o bom trabalho ali realizado. Não dê ao rebanho a idéia de que Deus tem uma recompensa especial para cristãos com passaporte. Com o tempo, as atitudes serão transformadas e você conseguirá desenvolver a obra tanto em casa como no ministério missionário.

Até que ponto a igreja local deve se envolver em obras de assistência social? Isso de fato faz parte do evangelho?

Os profetas do Antigo Testamento vociferavam contra o egoísmo do povo de Deus, pois estes não davam importância a cuidar dos necessitados. Jesus, em seu ministério na terra, fez o bem (At 10.38). A Igreja Primitiva ajudava as pessoas carentes. Em Gálatas 6 .10 diz: "... façamos o bem a todos, mas principalmente aos domésticos da fé". Em diversos versículos, Paulo ordenou a Tito que lembrasse o povo de fazer boas obras (1.16; 2.7,11-14; 3.1-8,14) e, por "boas obras", ele se referia a mais que pregar e distribuir folhetos evangélicos. O apóstolo estava se referindo a ações práticas de generosidade que se prestam a auxiliar as pessoas em momentos de necessidade.

O problema é que muitas igrejas substituem boas obras por evangelização. A questão não é optar por um ou por outro, mas por ambos. Ajudar homens e mulheres em suas carências físicas e materiais é, em si, um ministério (Hb 13.16), além de preparar o caminho para o evangelho (Mt 5.16). Para que as pessoas acreditem que Deus se importa com elas, precisamos provar que nos importamos. Ademais, se está correto agirmos financeira e materialmente no campo missionário, por que estaria errado fazermos o mesmo em casa?

É claro que a igreja local não deve abandonar o evangelho em prol do trabalho social, mas toda igreja tem pessoas que podem visitar os necessitados, ajudar no fornecimento de mantimentos e vestuário, ajudar homens e mulheres a encontrar trabalho e demonstrar o amor de Cristo de várias formas. A partir de Atos 6, depreendemos que esse trabalho deve ser realizado pelos diáconos e suas esposas (ou diaconisas, se sua igreja as tiver).

Geralmente, não é uma boa idéia doar dinheiro do fundo de assistência. Melhor utilizá-lo para comprar o que for necessário. Muitas igrejas abastecem seu fundo de assistência com coletas especiais, retiradas após a Ceia do Senhor. Outras congregações apenas votam uma certa quantia para ser utilizada pelo pastor e os diáconos.

É interessante que alguém de sua igreja mantenha contato com os organismos de assistência social em sua cidade. A maioria deles ficará feliz em cooperar e partilhar quaisquer informações de que disponha. Em geral, é bom fazer uma checagem com eles antes de aplicar muitos recursos no auxílio a uma família. Infelizmente, há pessoas necessitadas que vão de igreja em igreja, roubando os santos. Já vimos famílias que espalham os filhos por diversas igrejas e escolas dominicais, principalmente na época do Natal e do feriado de Ação de Graças,[2] recolhendo uma generosa colheita. As igrejas de uma determinada região ou comunidade devem informar umas às outras sobre "mendigos" que ficam perambulando de igreja em igreja. Nosso objetivo é ajudar as pessoas e não perpetuar suas necessidades e maus hábitos. Quando as igrejas trabalham unidas, podem fazer mais pelos necessitados que agindo de modo separado.

Aproveitando o assunto, não se esqueça de orientar sua igreja a não doar utensílios e roupas imprestáveis aos missionários. De maneira aparente, a filosofia de alguns cristãos é: "Se já não serve para nós, é suficientemente bom para os missionários". Chegamos a ouvir relatos de membros que doaram folhas velhas de papel alumínio e saquinhos de chá usados para o campo missionário. Que vergonha! Nossos missionários merecem o melhor, não as sobras.

Como determinar se a igreja deve entrar em campanha para a construção de novas instalações?

Há pelo menos quatro fatores envolvidos: a necessidade, a situação espiritual do rebanho, os recursos em potencial e os planos da igreja para o futuro.

Se a obra estiver prosperando, você precisará de mais espaço onde ministrar. Antes de começar a construir, tente utilizar seu espaço o máximo possível. Algumas igrejas, com bastante sucesso, coordenam escolas dominicais em diversos lugares. Pregar em dois ou mais cultos de domingo não é fácil, mas tem sido feito. Existem pastores que, domingo pela manhã, chegam a pregar em até quatro cultos! É claro que, se as condições do prédio forem péssimas, você terá de fazer alguma coisa. Fique atento ao crescimento do trabalho e mantenha estatísticas precisas, não estimativas. Em pouco tempo, poderá afirmar se existem necessidades específicas.

Iniciar um programa de construção sem divisar a condição espiritual do rebanho é procurar problemas. Construir, que já é difícil o bastante quando a igreja é espiritual, seria desastroso com uma congregação carnal. Em geral, não é sábio jogar uma campanha assim sobre o rebanho. Comece dialogando com os líderes da igreja: passe algum tempo orando e conversando sobre o assunto. Tente avaliar a conjuntura. Somos unidos? Vemos evidência de crescimento espiritual que condiga com o crescimento do número de membros? Será que temos fé para seguirmos em frente? Na administração das coisas do Reino, damos evidência de que confiamos em Deus e obedecemos à sua Palavra? É claro que você não chegará a 100% em todos esses pontos, mas é melhor ultrapassar os 50%. O sucesso ou o fracasso de qualquer programa envolve uma cuidadosa escolha do momento, e nenhuma empreitada ilustra isso tão bem como uma campanha de construção.

Os recursos financeiros são importantes. Toda situação difícil tem seu lado bom, mas há dificuldade em usá-lo para pagar as contas. Nada oprime mais uma igreja que uma dívida impagável. Um débito razoável pode estimular a fé e o sacrifício, mas valores absurdos acorrentam a igreja e estrangulam outros projetos importantes. Você sempre terá de enfrentar os céticos, que vêem, logo adiante, uma depressão, a falência ou a ruína da igreja. Por esses amados, oramos e tentamos não levá-los muito a sério, mas "na multidão de conselheiros, há segurança". Avalie sua situação, examine seus recursos e deixe Deus lhe dar sabedoria e discernimento.

Por fim, nunca inicie uma construção sem um claro plano para o futuro. Melhor retardar uma construção durante um ano, enquanto se formula um programa completo, que desfigurar uma futura expansão em virtude de uma estrutura apressadamente erguida. Jamais construa apenas para impressionar as pessoas ou aliviar uma situação de pressão. Construa somente a partir de um plano maior para a expansão da obra de Deus, considerando que tal passo faça parte desse plano.

Existem muitos consultores para a construção de igrejas; servos provados que se dedicam a auxiliar nesses assuntos. Seus serviços podem custar um pouco mais para a igreja, porém o investimento pode poupar dinheiro, tempo e evitar problemas nos anos vindouros. É incrível a quantidade de membros que, mesmo sem entender nada de engenharia, viram especialistas da noite para o dia quando um programa de construção se inicia. A parábola de nosso Senhor sobre a construção de um alicerce pode ser aplicada em mais de um aspecto (Lc 14.28-30).

Observações:

Considerações:

Providências:

Notas

[1] Grupos menores, dentro da igreja, no qual os membros apascentam uns aos outros e desenvolvem atividades de evangelização. Tal modelo não tem nada a ver com igrejas em "células". (N. do T.)

[2] *Comemoração tradicional iniciada em 1621 nos Estados Unidos e Canadá. (N. do T.)*

Capítulo Nove

VISITAÇÃO

As visitas pastorais são realmente importantes?

Para que nossa pregação toque e transforme a vida do rebanho, precisamos, tal como Ezequiel, "sentar onde eles sentam" e compreender suas reais necessidades. Os mercenários se mantêm afastados e fogem dos problemas, mas o verdadeiro pastor segue o exemplo do Bom Pastor, que sempre tinha tempo para cada um e não relegava ninguém ao descaso. Jesus visitou os lares e comeu com as pessoas, fazendo de cada visita uma oportunidade para o ministério espiritual. Partilhou das alegrias de um casamento (Jo 2) e da tristeza de um funeral (Jo 11). Por mais ocupado que fosse, Jesus tinha tempo para acalentar os bebês (Mt 19.13,14) e observar as crianças brincarem (Lc 7.31,21).

Certa feita, um ministro que goza de grande fama falou: "Se eu entrasse em um quarto de hospital, não saberia o que dizer". Como é terrível ver alguém que se diz pastor sem, no entanto, possuir o coração de um pastor! Se você é um jovem pastor, acabará por descobrir que as pessoas se esquecem de seus magníficos sermões, mas se lembram de seu carinho pastoral. Phillips Brooks dizia que o ministro deve ser um pregador para ter autoridade, e pastor para ter simpatia. Ele estava certo — ambas as características são relevantes. A despeito do que possam fazer alguns pastores famosos, aprenda a importância do cuidado pastoral e decida-se, pela graça de Deus, a amar seu rebanho. Se nos limitarmos a sentar atrás de uma mesa e a ocupar um púlpito, não teremos como ganhar almas para Cristo ou apascentar o rebanho. Se você tiver dúvidas quanto ao valor das visitas pessoais, leia Tiago 1.27. Depois disso, leia Mateus 25.34-46 para recordar que, quando visitamos o povo de Cristo em sua necessidade, estamos na verdade visitando o próprio Cristo.

Comecemos pela visitação pastoral entre o rebanho. Separe horários específicos durante a semana para ir aos hospitais. É claro que a quantidade de tempo necessária depende do tamanho da comunidade e do número de hospitais envolvidos. Salvo os pacientes mais graves, não é necessário visitá-los diariamente e, se você tiver assistentes ou presbíteros com corações solidários, é possível dividir essa tarefa com eles. Mantenha, no escritório da igreja, uma lista dos enfermos hospitalizados com todas as informações necessárias. Após cada visita, o pastor ou presbítero pode acrescentar os fatos que considerar relevantes para o próximo visitador. Não deixe de registrar quando o paciente tiver alta e guarde os números do hospital para referência futura.

Novas leis estão tornando cada vez mais difícil obter informações sobre pessoas hospitalizadas. A menos que o paciente autorize a liberação de informações, o hospital não pode contatar a igreja ou mesmo dar informações por telefone. (Isso pode não ocorrer em comunidades e hospitais de pequeno porte.) Por esse motivo, no caso de desejarem visitas e orações, devemos orientar os membros a manter a igreja informada, principalmente em casos de emergência.

Em igrejas menores, o pastor pode visitar todos os lares todos os meses, ou a cada dois meses, e então começar tudo de novo. Entretanto, quer a igreja seja grande quer pequena, não devemos nunca visitar por visitar ou apenas para passar o tempo. Devemos sempre ter um propósito estabelecido: conhecer melhor a família, conversar sobre alguma bênção espiritual ou discutir algum assunto importante. Seja uma bênção, mas não perca tempo. Seja espiritualmente sensível à atmosfera no lar. Jamais dê a impressão de que está com pressa, ainda que isso seja verdade, e tenha em mente, o tempo todo, que você está firmando um alicerce para futuras visitas. Para serem eficientes, elas não precisam ser longas. Resista ao impulso de tomar café e comer bolo em cada visita — sua família e seu médico agradecerão por isso.

Um fichário, ou um caderno, será suficiente para registrá-las. Sempre que possível, organize-as geograficamente, pois isso lhe poupará muito tempo. Ao retornar de um funeral, agende visitas aos familiares do falecido que morem na periferia da sua região.

Você pode montar uma lista de não-salvos, possíveis alvos do evangelho, orar por eles e visitá-los. Existem pessoas em cada comunidade, principalmente homens, que responderão ao testemunho de um pastor interessado. Alguns pastores separam um dia especial na semana para sair e "pescar almas". É uma experiência estimulante, e de fato ajuda a atiçar o fogo para a pregação de domingo!

Não se desanime quando elas parecerem um tempo perdido. Quer gostem de suas visitas, quer não, você está servindo a Deus e obedecendo à sua Palavra. Algumas vezes, são necessárias dez ou mais para que uma família fique interessada. "E não nos cansemos de fazer o bem, porque a seu tempo ceifaremos, se não houvermos desfalecido" (Gl 6.9).

Na medida do possível, permita que os professores da Escola Dominical e os outros membros visitem as pessoas que aparecem nos cultos e outros interessados. (Grande parte das igrejas costuma anotar os nomes dos visitantes do culto dominical. Isso funciona bem mais que o livro de visitas na entrada.) Caso sintam que há interesse, podem avisá-lo e você segue em frente. Contudo, lembre-se de que, quando o pastor visita, ele é visto como um vendedor. Quando os membros visitam, são percebidos como clientes satisfeitos. Membros que visitam, testemunham e sabem como evangelizar podem fortalecer uma igreja, portanto leve-os com você em suas visitas e ensine-os como proceder.

Levantamentos religiosos e convites para a Escola Dominical são, por si mesmos, programas. Muitas igrejas visitam alunos ausentes uma vez por semana; outras fazem isso semana sim, semana não, ou até mesmo uma vez por mês. O importante é estabelecer uma programação viável que atenda às necessidades de sua igreja; simplesmente imitar o programa de sucesso de uma outra pode ser desastroso.

Traçamos todas essas considerações sobre a visitação aos lares, apesar de ouvirmos que se trata de um ministério antiquado, que não funciona na sociedade atual. Reconhecemos que mais e mais mulheres trabalham fora, alguns maridos têm dois empregos, e os solteiros se envolvem nos mais variados tipos de atividades, o que torna cada vez mais difícil encontrar as pessoas em casa. Ainda assim, isso não significa que devemos abandonar as visitas pessoais. Talvez tenhamos de ajustar nossas agendas e abordagens, porém não podemos nos isolar das pessoas que servimos.

Alguns pastores realizam recepções mensais na igreja, para as quais convidam os visitantes dos cultos dominicais e pessoas que foram visitadas durante a semana. Alguns líderes da igreja comparecem, e, enquanto se socializam, comem biscoitos e bebem café, chá ou chocolate, as pessoas podem se conhecer umas às outras. Isso proporciona uma ótima oportunidade para apresentar as características e o ministério da igreja. Esse tipo de recepção também funciona após os cultos de domingo pela manhã.

Quais são suas sugestões para o ministério do pastor junto aos hospitais?

Dê um jeito de conhecer os funcionários do hospital e coloque-se à disposição para ajudá-los, mas não assuma uma autoridade que você não possui. Sem a menor dúvida, você deve se apresentar ao capelão do hospital, mesmo que ele tenha uma fé diferente da sua. O capelão se preocupa com o bem-estar dos pacientes e ficará feliz em ajudá-lo.

Escolha um horário conveniente para os pacientes. Muitos pastores acreditam que o fim da manhã, após o banho, é uma boa hora para uma rápida visita: os pacientes estão refrescados e limpos, não estão esgotados por causa de outras visitas e haverá poucas interrupções. Organize-a de acordo com as regras do hospital. Em geral, as visitas pastorais são permitidas a qualquer horário (com exceção da maternidade), porém não seja inconveniente. Conhecemos um pastor que fez uma visita às 11 horas da noite, e, ao orar pelo paciente que dormia, adormeceu.

Conheça os fatos a respeito do enfermo. Certo pastor perguntou a uma paciente: "Isso foi uma emergência, ou você planejou?" A paciente respondeu: "Planejei! Eu acabei de ter um bebê!" O hospital estava sendo reformado e a maternidade estava desativada, o que pegou o pastor de surpresa. Um breve momento na recepção teria lhe poupado o constrangimento.

Seja alegre, mas não um rematado comediante. Deixe seus problemas e sintomas do outro lado da porta e entre no quarto decidido a levar esperança. Fique firme na posição de pastor e evite bancar o médico amador. No seminário, você não se formou em medicina, logo é errado diagnosticar ou traçar comparações com outros que visitou. Quando houver diferenças entre médico e paciente, nunca assuma a posição de mediador. Você pode até não concordar com o médico encarregado, mas não deve declarar guerra. Quanto às frustrações e medos do paciente, aja como conselheiro e ajude-o a encontrar paz em Cristo.

Seja breve. A menos que esteja realmente envolvido em questões espirituais, e o paciente insista na sua presença, seja rápido. Por vezes, visitas longas fazem mais mal que bem. O objetivo é sempre fortalecer a esperança e a fé do paciente. Na maioria dos casos, leia uma passagem curta da Palavra e ore de forma específica. Resista á idéia de transformar a cama em um púlpito e sair pregando pelos corredores. Uma oração pessoal e tranqüila, ao lado da cama, é tudo o de que o enfermo precisa.

Preste atenção às outras pessoas no quarto, cumprimente-as e seja amistoso. Se for um quarto duplo ou com três camas, não deixe de incluir os outros pacientes em sua oração. Se houver visitantes, aguarde uma pausa na conversa e pergunte: "Vocês se importariam se eu orasse por todos nós?" Pouquíssimos pacientes ou visitantes se sentiriam ofendidos com isso. Não raro, seus nomes estão escritos em cartões acima da cama, de forma que você pode mencioná-los nominalmente. Muitos pastores ganharam pessoas para Cristo apenas por serem gentis enquanto realizavam essas visitas.

Use folhetos cristãos com todo critério. Não se esqueça de examinar com cuidado o que for distribuir, pois um panfleto equivocado pode causar um enorme prejuízo. Fale aos perdidos sobre o Salvador, mas faça-o com gentileza e amor. Melhor partilhar a Palavra na primeira oportunidade, que perder uma alma ao esperar por um momento melhor. É interessante treinar o seu rebanho na melhor maneira de serem uma bênção nas visitas a hospitais. Durante as mensagens ou em reuniões menores, temos a oportunidade de preveni-los contra histórias que envolvam mortes, remédios caseiros, conversas e orações em voz alta e outras práticas terríveis que, muitas vezes, fazem com que os cristãos sejam pessoas indesejáveis nos hospitais. Aliás, alguns membros deveriam ser aconselhados a não fazer visitas a hospitais em tempo algum. Podem até não gostar disso, porém é melhor aborrecer alguns santos que perder seu testemunho perante todo o hospital.

Como posso incentivar o rebanho a se envolver na visita e na ministração?

O mais importante é o seu próprio exemplo. A visita é algo que se aprende fazendo e não por palavras. Algo que se espalha por contágio, não por imposição. Ao realizá-la, leve com você alguns crentes comprometidos e peça a Deus que toque em seus corações. Se a pessoa aprender como fazer e experimentar a bênção, poderá partilhá-la com os outros. Muitos cristãos têm encontrado uma alegria especial em campanhas como a "Explosão Evangelística".[1]

As igrejas que possuem "grupos pequenos" constatam que seus membros cuidam das necessidades uns dos outros e ministram entre si. Preparam as refeições para famílias com recém-nascidos, ajudam nas compras e em necessidades especiais de transporte, e, de muitas formas, cercam a pessoa ou família com um amor cristão atuante.

No momento certo, Deus fará com que você sinta a necessidade de pregar sobre o "ide" no ministério da igreja. O livro de Atos está repleto de exemplos. Saliente "o porquê" e o "como" tanto quanto o "o quê". A menos que o Espírito Santo esteja no controle, suas atividades irão se acumular e sobrecarregar um programa já abarrotado.

Crie oportunidades para que os membros testemunhem a bênção que há em visitar, mas oriente-os a não repreenderem aqueles que não participam diretamente. Algumas pessoas de seu rebanho não participarão das visitas, todavia poderão orar por aqueles que visitam. Tome cuidado para que seu atarefado grupo de visitadores não vire uma espécie de "elite espiritual", com uma postura santarrona.

Prepare bons folhetos sobre a igreja e o ministério, a fim de que as pessoas tenham material para usar durante a semana. Jamais coloque artigos negativos ou críticos no boletim dominical, visto que poderia ser usado da maneira errada. Um belo boletim é uma ótima publicidade, mas um que seja medíocre nem deveria ser publicado.

Mais um detalhe: como pastor, certifique-se de que vale a pena convidar os outros para os cultos. O melhor incentivo para que os membros partilhem sua fé é uma pregação que os deixe entusiasmados, desejosos de convidar os outros a ouvir. Nunca se esqueça de que, embora os membros tragam os visitantes, é tarefa do pastor fazer com que continuem vindo.

Como podemos reconhecer os visitantes nos cultos e qual a melhor forma de atendimento?

Isso depende do local da igreja e do tamanho da sua congregação. Uma regra básica é que nenhum visitante deve ser posto em evidência ou constrangido. Algumas pessoas são mais sensíveis e se sentiriam desconfortáveis com uma exposição pública. Em igrejas pequenas, o pastor quase sempre vê quem está visitando, uma vez que conhece bem toda a congregação. Em igrejas maiores, o pastor pode dar as boas-vindas a todos, talvez até pedindo que se ponham de pé. Ao mesmo tempo, os visitantes podem receber "presentes de boas-vindas" para levarem para casa.

O livro de visitas na entrada é quase sempre ignorado pelas pessoas que entram e saem. O melhor é pedir que todos se registrem todas as semanas, com o preenchimento de cartões ou "folhetos de amizade". Dessa maneira, os visitantes não são apontados e não ficam envergonhados. Algumas igrejas pedem aos visitantes que levantem as mãos, a fim de que recebam cartões de registro e algum material de apresentação. Os cartões são recolhidos durante a oferta ou ao fim dos anúncios. Também podem ser usados "livros de amizade", que são passados de mão em mão para que todos assinem.

O valor de um rápido reconhecimento dos visitantes depende da postura do pastor. Se ele for simpático, fará com que o visitante se sinta em casa. Se for do tipo reservado, pode ser mais interessante pedir que um outro membro ou um casal faça a abordagem. Talvez os diáconos possam participar desse atendimento.

Algumas igrejas, imediatamente após os cultos matinais de domingo, organizam recepções para os visitantes. Enquanto bebem um refresco, todos os membros e a equipe ministerial podem conhecê-los. Além disso, é bem mais fácil fazê-los assinar um livro de visitas em meio a uma pequena recepção. Pode ser feito um revezamento e, a cada semana, outros membros se apresentam para saudá-los e acompanhá-los.

Na segunda-feira pela manhã, deve-se enviar um cartão postal (preparado exclusivamente para sua igreja) ou uma carta para cada visitante. Guarde o cartão de registro a fim de usá-lo no futuro. Pode ser que um dos membros seja voluntário para coordenar esse ministério de atendimento, lidando com os registros e correspondências. Após alguém visitar sua igreja, você tem o direito de retornar a visita. Na maioria dos casos, é melhor que os membros, e não o pastor, retornem a visita. Dessa forma, evita-se que outro pastor pense que alguém quer roubar sua ovelha.

Durante a semana, alguém da igreja deve visitar a pessoa para agradecer a sua presença no culto e avaliar as perspectivas. Caso se trate de um membro ativo de outra igreja evangélica, basta agradecer a visita. Se a pessoa estiver procurando uma nova igreja ou se o lar estiver passando por necessidades espirituais, o fato deve ser comunicado ao pastor.

Cremos que devemos informar nossos colegas pastores, caso uma de suas ovelhas esteja "visitando por aí". Algumas vezes, tais pessoas estão envolvidas em problemas que você não quer em sua igreja. Isso não significa que os membros de outras igrejas não tenham o direito de mudar de congregação, mas tal mudança deve ser feita pelos motivos certos. Visitantes que falam mal de seus antigos pastores, após se juntarem à igreja, podem falar mal de você, portanto vá devagar no que concerne a pescar em aquário alheio.

Nota

[1] Evangelistic Explosion International. *Programa de treinamento para evangelização, presente em cerca de 200 países, criado há mais de 35 anos pelo Dr. James Kennedy. (N. do T.)*

Capítulo Dez

CASAMENTO E DIVÓRCIO

Qual a melhor forma de a igreja preparar jovens casais para o matrimônio?

São necessários quatro elementos para a realização de um casamento: um homem, uma mulher, a sociedade e, caso haja uma cerimônia religiosa, Deus. (Sinto muito, mas não aceitamos casamentos entre pessoas do mesmo sexo. Veja Gênesis 2.18-25; Mateus 19.1-9 e Efésios 5.22-33.) O casamento precisa ser legalmente autorizado, com a publicação dos proclamas — é nesse ponto que entra a sociedade. O Senhor é representado pela presença de um religioso, em uma igreja.

Há dois tipos de preparação: uma genérica, que ocorre em função do ministério da Palavra e dos exemplos das pessoas casadas da igreja; e outra específica, que acontece quando você aconselha os casais que planejam se casar. Cada casal de fiéis é um exemplo a ser seguido pelos noivos, e não há mal algum em dar oportunidade para que, em algum momento do culto, esses casais testemunhem a graça de Deus.

Antes de concordar em celebrar um casamento, leve em consideração a igreja e seu testemunho diante da comunidade, pois as ações do pastor sempre refletem na igreja. O melhor é aconselhar e casar pessoas que você já conhece, que fazem parte da igreja e que permitirão que os prepare para esse importante passo. Casar estranhos, principalmente pessoas que estão "de passagem", é pedir para se incomodar. Em muitas igrejas, cabe aos responsáveis legais permitir ou não a utilização das instalações, de forma que o casal precisa fazer uma solicitação formal. O conselho, no entanto, deverá concordar que o pastor case em caráter privado qualquer casal que ele aprove, embora não no santuário da igreja. Podem ocorrer emergências que, em detrimento das regras da congregação, exijam o amor cristão: questões que não devem constar na ata do conselho ou no livro de registros. Nossa autoridade para casar as pessoas não é outorgada pela Bíblia, mas pelo funcionário do cartório de registro civil e, lamentavelmente, muitas vezes realizamos um casamento como se fôssemos funcionários públicos.

O pregador que expõe a Palavra com fidelidade com certeza aborda muitos temas relacionados ao lar cristão. Em Efésios e Colossenses, Paulo se dirige a maridos, esposas e até mesmo filhos. Jesus tinha muito a dizer sobre a vida familiar, e os escritores do Antigo Testamento também abordam esse tópico. Será bom fazer, anualmente, uma série de pregações sobre o lar, mas não as torne muito longas ou admoestatórias.

Assegure-se de que as pessoas encarregadas do ministério de jovens não deixem de falar sobre o casamento e o lar. O momento de preparar maridos e esposas é durante o crescimento, quando ainda estão maleáveis. Aliás, até mesmo o cuidado empregado no tratamento dos pequeninos na Escola Dominical é uma boa preparação para o casamento.

Deveria haver uma boa seleção de livros em cada lar cristão e na biblioteca da igreja. Você deve possuir vários exemplares dos melhores disponíveis e possibilitar que os membros comprem os seus. Muitas igrejas realizam seminários anuais sobre a vida em família, com um especialista convidado para coordenar as discussões.

Seu próprio lar será de grande auxílio na preparação dos casais, portanto convide os enamorados e deixe que vejam como vive uma alegre família cristã. As pessoas serão influenciadas até mesmo pelo modo como você trata sua própria esposa e filhos. Quando os "casáveis" virem seu exemplo, ficarão felizes em escutar seus conselhos.

A ministração direcionada para o casal deve começar o mais cedo possível. Ao perceber que um casal começou a sair constantemente, avise-os de que está interessado e que gostaria de conversar com eles. Deus lhe mostrará como agir, por isso aguarde suas orientações, caso contrário, o casal pensará que você está se intrometendo. Marque uma série de encontros com os noivos e não se preocupe com o tempo que poderá levar. Melhor ajudá-los a se estruturar antes do matrimônio que passar muito mais tempo juntando os pedaços após o fim do casamento.

Várias editoras possuem roteiros específicos para o aconselhamento de nubentes. Muitas denominações publicam livros ótimos e baratos, que podem ser utilizados como base para diversas reuniões. Também é sábio sugerir que o casal, o mais rápido possível, procure um médico de confiança para conversar sobre os aspectos físicos do matrimônio. Sobre esse assunto, existem livros excelentes, escritos por cristãos, que podem ser disponibilizados ao casal.

Não imagine que, por terem crescido na igreja, com sucessivas evidências de vida espiritual, terão de forma automática um casamento bem-sucedido. Quase todas as igrejas já experimentaram a mágoa de ver "o casal ideal" se divorciar. Se você detectar qualquer problema (e é aqui que entra um bom roteiro de orientação), enfrente-o com sinceridade e carinho. Se sentir necessidade de um aconselhamento mais profundo, talvez de um conselheiro cristão profissional, sugira que o casal procure ajuda o mais rápido possível. Um casamento não *cria* problemas, *revela* os que já existem. Ademais, a hora de enfrentá-los e resolvê-los é antes de o casal dizer "Eu aceito".

Já estamos no ministério há um bom tempo. Assim como vimos casamentos em que não acreditávamos resultarem numa grande bênção, também vimos casamentos que, embora imaginássemos ideais, acabaram em tragédia. É difícil fazer previsões em assuntos tão íntimos. Se você tiver reservas, converse com o casal de forma franca, mas delicada. Ore com eles. Incentive-os a buscar a orientação e a ajuda de Deus.

Como devemos orientar os casais que vivem juntos e desejam se casar?

Se não forem cristãos professos, procure primeiro ganhá-los para Cristo e só então aborde a questão moral. No caso de se declararem cristãos, demonstre nas Escrituras que o que estão fazendo é errado e devem parar. Há esperança de prepará-los para o casamento enquanto estão em rebeldia contra o Senhor? Caso se recusem a interromper a vida a dois, não aceite casá-los e sugira que procurem ajuda em outro lugar. Se concordarem com a separação até o casamento, estabeleça um cronograma de aconselhamento e ajude-os a compreender que o que faziam era errado. As estatísticas de divórcios, para casais que viveram juntos antes do casamento, não são muito encorajadoras, portanto não transmita qualquer incentivo ao longo do aconselhamento.

É uma situação muito difícil, principalmente se uma das partes pertencer a uma família influente na igreja ou na comunidade. Se agirmos como se nada estivesse errado, sinalizamos aos jovens da igreja que, no fim das contas, sexo antes do casamento não é pecado. Se assumirmos uma posição firme, ainda que de forma gentil, mostramos às pessoas que nos preocupamos com nossas ovelhas e que queremos o melhor de Deus para elas.

É bem provável que você enfrente sua cota de "casamentos problemáticos", devendo tratar cada um de maneira particular. Deixe claro para sua igreja que você não casa ninguém sem um período de aconselhamento. Pode haver oposição, mas agüente firme. Quando acontecer uma emergência, examine a situação com cuidado e faça o que Deus lhe orientar. Lidamos com seres humanos, não peças de xadrez em um tabuleiro. Alguns casamentos que hoje parecem impossíveis amanhã alegrarão seu coração. Em alguns casos, seu conselho precisará ser dado após a cerimônia, mas isso é melhor que não orientar de forma alguma.

Não é sensato que um pastor case estranhos. Quando telefonarem, avise-os de que prefere aconselhar as pessoas antes, e que a diretoria precisa dar permissão para casamentos na igreja. Nem todos os estados fazem constar o estado civil da pessoa na licença de casamento, e você pode vir a realizar um matrimônio "herético". Também é imprudente e antiético enviar tais casais a um colega pastor, colocando-o em uma situação constrangedora.

Divórcios e segundos casamentos são questões controversas em muitas igrejas. Como posso tomar as decisões certas?

Muitos cristãos fiéis discordam quanto à base bíblica para o divórcio e um segundo casamento. Muito provavelmente, a última palavra não será dita deste lado do céu. Peça a opinião de dez pastores e com certeza obterá dez respostas diferentes! O melhor a fazer é examinar com atenção a Bíblia e ler de modo cuidadoso sobre cada posição. Peça ao Espírito Santo que o oriente e, qualquer que seja a verdade revelada pelo Senhor, não fique temeroso. "Cada um esteja inteiramente seguro em seu próprio ânimo" (Rm 14.5). Discuta o assunto com os obreiros mais sábios da igreja e também com pessoas experientes que você respeite. Após adotar uma posição, a menos que seus estudos revelem algum novo elemento, mantenha-se firme.

Cuidado para não desenvolver uma postura hipócrita diante de pessoas na igreja que tiveram casamentos infelizes. Mesmo discordando de alguém, é possível ser carinhoso e compreensivo.

Você descobrirá que o melhor é avaliar os méritos de cada caso. Cremos que o Senhor perdoa todo tipo de pecado (Mt 12.31) e que, quando Deus recebe pecadores justificados, nós também devemos recebê-los (Rm 15.7). Não faz sentido pregar a graça e praticar a lei. Além disso, é cruel considerar o divórcio e o segundo casamento como pecados sem perdão. Isso não significa que a igreja deva reduzir seus padrões e deixar de enaltecer o casamento cristão, mas não devemos ir além da Palavra no que diz respeito a esses assuntos. O pastor que fica na mesma igreja durante algum tempo, surpreende-se quase todos os anos ao descobrir novos casos de uniões pré-maritais.

Se o pastor decidir que todo divórcio é antibíblico ou que todo novo casamento após o divórcio é antibíblico (independente dos motivos envolvidos), insistindo que pessoas nessas condições não devem ser admitidas como membros na igreja, ele deverá ser coerente. Isso implica excluir do rol de membros todos que violarem essa posição, além de se recusar a aceitar na igreja todos os que a infringirem. Não conhecemos precedente bíblico para tal postura e estranhamos que ela possa ser mantida à luz de 2 Coríntios 5.17, Efésios 4.32 e dezenas de outros versículos, os quais ensinam a perdoar, a aceitar em Cristo.

Antes de aceitar um convite, você deve informar a igreja sobre suas convicções a respeito desse assunto, bem como de quaisquer mudanças de opinião ao longo de seu ministério. Cremos que o pastor, no que diz respeito à celebração de casamentos, deve ter liberdade absoluta, sem ficar subordinado a um conselho ou a uma congregação. Existem situações em que apenas ele e o Senhor devem conhecer todos os fatos e que prestar contas ao conselho seria revelar um segredo. Avaliar, a partir de opiniões sobre casamento ou divórcio, a fidelidade ou o ministério de alguém, é, para nós, uma escolha muito infeliz. Nós "conhecemos em parte" (1 Co 13.12).

Jesus veio para "restaurar os contritos de coração" e devemos assumir esse mesmo ministério. Nos anos vindouros, veremos mais e mais problemas conjugais. A solução não está em leis mais duras ou em posturas mais rígidas por parte da igreja. A resposta está em um ministério construtivo, que prepare nossos jovens para a idade adulta e tenha compaixão por aqueles que sofrem. A igreja é formada por todos os tipos de pessoas (1 Co 6.9-11; Gl 3.28), e o pastor deve amar e ministrar a todas. Amar, ser paciente, orar, pregar a Palavra e pôr em prática Efésios 4.32; eis o que faz diferença na restauração de corações partidos e lares destruídos.

E quanto aos casais que "precisam se casar"?

No momento presente, esse problema é mais comum que no passado, mas já não causa o mesmo estigma que criava há cerca de uma geração. Sua primeira responsabilidade, como já dissemos, é ajudar o casal espiritualmente e ministrar aos outros que estejam envolvidos. Tão logo descubra o problema, reúna-se em particular com o casal. Procure levá-los a buscar o perdão e a aceitação de Deus.

Será correto que se casem apenas por causa da gravidez? Se o casamento já vinha sendo planejado e o casal tem um bom relacionamento, devem sim se tornar marido e mulher, mas não devem fazê-lo apenas por causa do bebê. Devem se casar apenas se essa for a vontade de Deus para suas vidas. Muitas vezes, a existência do problema já é um sinal de que não devem se casar e de que há algo errado na relação. Um casamento que vise somente a dar um lar ao bebê, seguido em pouco tempo pelo divórcio, seria acrescentar pecado sobre pecado, com votos nupciais que não passam de palavras hipócritas.

Caso o casamento não se realize, devem decidir sobre o futuro da criança e o que for melhor para ela. É claro que a decisão deve ser dela, mas você pode ajudá-la a enfrentar e resolver os problemas em questão. Algumas procuram manter o bebê como uma forma de autopunição, o que acaba por criar dificuldades para a criança. Em todo o caso, o apoio da família é essencial. Dessa forma, a garota pode recomeçar sua vida. Cada caso deve ser analisado de modo separado, portanto não ousamos generalizar. A única coisa que não aprovamos é o aborto.

Se o casal, ou um dos dois, for membro da igreja, você deve levá-los a experimentar o perdão por parte da igreja. Nossa experiência nos diz que os jovens da igreja sabem do problema muito antes de grande parte dos diáconos. Se o membro não estiver disposto a consertar as coisas, você deverá pensar na possibilidade de discipliná-lo, mas seu primeiro objetivo é curar os corações feridos. Tenha calma, ore muito e não apresse os procedimentos disciplinares. Dê tempo para Deus operar.

Se o casamento for concretizado, sugira uma dedicação pública do bebê e do lar. Isso pode ser feito em um culto matinal, testificando, perante a família e a sociedade, que o casal está tendo um novo começo no Senhor.

Algumas vezes, o bebê não chega ao fim da gestação ou nasce com alguma deficiência, o que leva o casal a pensar que se trata do juízo de Deus sobre eles e o casamento. Você precisará se dedicar ao problema e ajudá-los a atravessar esse vale. Não julgue, pois apenas Deus sabe o porquê de essas coisas acontecerem (Jo 9.1-4). Insista para que deixem o Senhor os amar e ajudar. Mantenha contato, pois podem levar meses até que o problema seja resolvido.

Algumas vezes, um casal mais idoso passa a morar junto a fim de economizar, mas não desejam se casar e perder os benefícios financeiros.

É verdade: assim como existem pecadores jovens, existem os idosos. De qualquer maneira, pecado é pecado a despeito da idade do pecador. De vez em quando, um trapaceiro(a) de idade avançada se depara com alguém ingênuo e receptivo, arma esse tipo de esquema para viver às custas do outro(a) e fica até encontrar uma situação mais confortável. Paulo escreveu sobre pessoas que defendem sua desobediência dizendo: “Façamos males, para que venham bens”. O veredicto é: “A condenação desses é justa” (Rm 3.8). Paulo ordenou que a igreja cuidasse das viúvas fiéis (1 Tm 5), mas não disse para tolerar viúvos(as) ímpios(as).

Capítulo Onze

FALECIMENTOS E FUNERAIS

Como posso melhorar meu ministério junto aos moribundos e enlutados?

Para começar, faça com que ninguém jamais brinque sobre a morte ou conte piadas de enterros nas reuniões públicas da igreja. Já vimos algumas pessoas ficarem arrasadas, quando um orador convidado tentava espairecer o ambiente contando uma piada sobre enterros. Pessoas, com seus corações despedaçados, vão à igreja em busca de alento e consolo, não para serem mais uma vez magoadas.

Aquele que possui o coração de um pastor fará instintivamente o que é certo quando a ovelha estiver passando por uma situação dessas. Um fiel às portas da morte pode não perceber sua presença ao lado da cama no hospital ou em casa, mas os entes queridos saberão e não se esquecerão. Quando uma pessoa morre, um dos últimos sentidos a fenecer é a audição. Por esse motivo, pode ser possível ministrar a não-salvos e lhes falar sobre como podem ser salvos. Eles podem não conseguir falar, mas talvez apertem sua mão para indicar que estão ouvindo, compreendendo e crendo. É verdade que às vezes questionamos "conversões no leito de morte", porém, nos lembremos do ladrão na cruz.

Assim que souber de algum falecimento em uma família da igreja, tente entrar em contato com a família. Pode ser melhor telefonar primeiro e verificar se cabe uma visita. Em geral, qualquer que seja a hora do dia ou da noite, o melhor é partir para lá o mais rápido possível. Podemos marcar horários para aconselharmos as pessoas, mas não para confortá-las.

Chegando ao lar, tente agir em silêncio. Um pastor tagarela e barulhento causará mais danos que benefícios. Não assuma o comando da situação. Tão logo chegue, expresse sua solidariedade e fique de prontidão para ouvir e ajudar. Sua visita não precisa ser longa. Em algum momento, ofereça-se para ler a Bíblia e orar — e, por favor, não seja frio! Uma leitura mecânica da Palavra, seguida de uma oração rotineira, só aprofundará as feridas. Peça que Deus lhe dê compaixão.

Tente chegar ao local do velório antes de a família ter um primeiro contato. É um momento crucial e a presença de um servo de Deus ajudará a todos. Entre na capela com eles, fique próximo e em silêncio. Sua presença já é um sermão, não há necessidade alguma de pregar. Fique atento a qualquer sinal de problemas ou tensões familiares, sempre observando como as pessoas reagem à morte do ente querido e entre si. A essa altura, meia hora dedicada à família lhe trará diversas idéias para a mensagem do funeral e o atendimento que lhe dará nos dias que se seguirão.

Planeje o culto do funeral de forma a alcançar a necessidade dos parentes. Os mais próximos do falecido devem ter a palavra final a respeito do horário, do lugar e da música. Pergunte se há alguma passagem bíblica favorita que deva ser lida. Se você estiver há muito tempo na igreja, certamente já conhecerá a família e será mais fácil se preparar. Mantenha o culto breve e objetivo, os longos aumentam o sofrimento. A mensagem deve apresentar uma verdade que traga conforto, porquanto não é hora para uma exegese sobre morte ou ressurreição. Você estará aplicando um bálsamo aos corações partidos, portanto seja delicado. As pessoas precisam de um remédio que traga conforto, não de receitas complicadas.

Não é uma boa idéia pregar sobre o céu ou o inferno. Sim, devemos enaltecer os santos cujo testemunho em Cristo foi triunfante, mas, quanto aos outros, "o Senhor conhece os que lhe pertencem" (2 Tm 2.19) e é melhor não abordar esse tema. No que diz respeito aos que acreditamos terem sido pecadores obstinados, não é possível saber o que pode ter ocorrido entre o Senhor e aquele coração humano nos últimos instantes de vida. Sempre deixe claro que aquele que confia em Jesus Cristo será salvo, mas que não é sábio adiar a decisão.

Tão logo seja possível, visite a família após o funeral. Atente a sinais de problemas emocionais. Você deve ler com atenção os ótimos títulos disponíveis sobre a psicologia do sofrimento. Coloque-se à disposição dos parentes durante esses difíceis dias de adaptação. Além disso, fique alerta para divergências familiares. A perda de um ente querido pode abrir velhas feridas ou fazer com que as pessoas se sintam culpadas. Esse é um dos motivos das brigas familiares que com freqüência ocorrem durante ou após os funerais.

Seu apascentamento, semana após semana, ajuda a preparar o rebanho para a hora do luto. Pregue como se estivesse prestes a morrer, a um rebanho que está prestes a morrer, e, quando a morte visitar a congregação, tanto você como eles estarão preparados.

É correto aceitar honorários pela condução de um funeral?

A maioria dos agentes funerários acrescenta os honorários ao custo total do funeral. Alguns, contudo, deixam para a família decidir. É errado cobrar, mas, se a família não faz parte de sua igreja, pagará pelo tempo que tirou de seu próprio rebanho para socorrê-los. Como a maior parte dos membros ajuda a pagar seu salário, aceitar algo deles já é outra questão; no entanto, você descobrirá que, como recompensa por sua fiel ministração, muitos membros gostarão de demonstrar amor e reconhecimento ao pastor. Não fique constrangido: é necessário ser generoso tanto para dar como para receber. Diga: "Obrigado. Usarei isso de alguma forma na obra do Senhor". Muitos pastores investem esses honorários em livros e escrevem na contracapa: "Presente da família ..."

Todavia, em alguns momentos não será sábio aceitar qualquer oferta, como quando a família estiver passando por necessidades ou no caso de há muito tempo servirem com fidelidade à igreja. Você pode sugerir que ofertem na igreja em memória do falecido ou que enviem o dinheiro para uma causa missionária. Se insistirem em lhe dar o dinheiro, pegue-o, porém entregue na igreja e envie um bilhete com o recibo. Doações póstumas vêm sendo incentivadas cada vez mais nas igrejas.

Como devo conduzir o funeral de um completo estranho?

Normalmente, o agente funerário entra em contato e prepara tudo. Pegue com ele todas as informações necessárias, inclusive quaisquer idéias que possam ajudá-lo em sua tarefa.

Visite a família do falecido e familiarize-se com ela. Algum membro de sua igreja pode conhecê-la, mas cuidado com opiniões preconceituosas de pessoas que não fazem parte da família. Ao chegar ao lugar do funeral, fique atento a sinais que ajudem a compreender melhor a situação. Seu "radar ministerial" será de grande auxílio.

É claro que, no funeral de um estranho, a mensagem não pode ser tão pessoal como quando você conhece a pessoa. Aborde as grandes verdades do evangelho e o amor de Jesus Cristo. Não pregue que o falecido foi para o céu ou o inferno, pregue para os vivos e procure consolá-los. Uma boa condução do funeral pode lhe dar a oportunidade de ministrar à família posteriormente e, talvez, ganhá-los para Cristo e a igreja.

Posso repetir minhas mensagens para funerais? Como desenvolvo novas mensagens?

Você certamente lerá as mesmas passagens de tempos em tempos (todos preferem João 14, Salmos 23 e 1 Tessalonicenses 4.13-18.), porém deverá sempre adaptar o texto às necessidades do momento. Registre suas mensagens em um caderno, identificando quando e para quem foram usadas. Peça que Deus lhe dê uma palavra pessoal para cada ocasião. Desenterrar uma antiga mensagem no caminho para o funeral é um pecado. Também não é sábio repeti-la funeral após funeral. Cada um é diferente, e todos exigem um toque pessoal.

Em sua leitura diária da Bíblia, você se deparará com textos que gritarão: "Pregue-me!" Anote-os em seu caderno ou arquivo de sermões. (Como já dissemos, Andrew W. Blackwood chamava isso de "lavoura de sermões".) No devido tempo, à medida que você meditar e ministrar, o Espírito amadurecerá o texto e o transformará em uma mensagem. Pastores que caminham com Deus sempre receberão a palavra correta do Espírito Santo (Is 50.4). Conforme for crescendo espiritualmente, deixará de usar algumas mensagens e preparará muitas novas. Alguns textos terão uma importância especial para você, o que fará com que sejam usados com mais freqüência.

Pode soar um pouco mórbido, mas, se houver pessoas idosas em sua igreja, ou membros que estejam hospitalizados ou em estado terminal, peça a Deus que lhe dê mensagens direcionadas aos entes queridos e prepare-se antes que a pessoa morra. Caso a pessoa agonize durante semanas, não é preciso entrar em pânico. Não se deve contar ao rebanho que temos mensagens preparadas para cada funeral, mas podemos orar e planejar com antecedência. Isso é especialmente válido para aqueles que são pilares e líderes fiéis na igreja. Os jornais preparam de modo antecipado os obituários de pessoas famosas, já o pastor pode preparar de antemão os sermões para elas.

Devo comparecer a funerais de parentes dos membros da igreja, pessoas que nunca fizeram parte da congregação?

Como pastor, você deve ministrar principalmente (ainda que não com exclusividade) aos que pertencem à igreja, e pode fazer isso conduzindo ou não o funeral de seus parentes. Descobrimos ser providencial uma visita no lar e então uma rápida passagem no velório, se houver. A maior parte do rebanho não espera seu comparecimento no funeral, mas sem dúvida gostaria de sua visita na semana subseqüente. Se um de seus membros pedir para vê-lo, pode haver algum problema a ser resolvido, logo esteja à disposição. Como já foi dito, o sofrimento pode abrir velhas feridas, despertar a culpa e criar um ambiente propício aos conflitos. Se o assunto for grave e complexo, você e o pastor que estiver conduzindo o funeral podem querer se reunir particularmente para orar e conversar.

Sugerimos que o folheto de adoração traga uma "coluna do luto", onde podem ser mencionadas as famílias que perderam entes queridos.

O que dizer sobre cultos "in memoriam" e cremação?

Cada vez mais famílias pedem cerimônias particulares para aqueles que partiram, seguidas de um culto público em memória do falecido. É o enterro que declara: "Acabou; está encerrado" — e são momentos extremamente penosos. Após o funeral, é mais fácil para a família e os amigos participarem de um culto memorial que honre aquele que partiu e glorifique ao Senhor. Não é preciso se preocupar com a hora, e os funcionários do cemitério não são obrigados a esperar.

Não permita, contudo, que o culto em memória do falecido escape ao controle ou ele trará mais problemas que benefícios. A família deve planejá-lo da mesma forma que planejaria o funeral. A diferença é que, nesse culto, mais pessoas têm a oportunidade de falar, há uma maior flexibilidade e a atmosfera é mais amena. O problema é que amigos e parentes faladores podem assumir a tribuna e se exceder no tempo.

Quanto à cremação, vem sendo cada vez mais aceita entre cristãos, principalmente quando os espaços para enterros são limitados. As pessoas costumavam optar pela cremação por causa dos custos mais baixos, porém isso vem mudando e os valores envolvidos vêm subindo. Muitos cristãos sinceros associam a cremação a práticas pagãs e não a consideram um bom testemunho. A cremação realiza em poucas horas o que a natureza leva sessenta ou setenta anos para fazer. O embalsamamento do corpo é feito basicamente em função da visitação pública, não para preservá-lo de maneira indefinida. Com o tempo, todos os corpos voltam ao pó.

Cremos na ressurreição dos mortos, mas ressurreição não é restauração. Se um corpo é cremado e as cinzas são espalhadas, ou mesmo guardadas em uma urna ou columbário, isso não fará qualquer diferença quando Jesus voltar. Receberemos novos corpos. Haverá continuidade, todavia não identidade, tal qual a flor que surge da semente (Jo 12.23; 1 Co 15.35-38). Visto que a salvação diz respeito à pessoa por completo — espírito, alma e corpo (1 Ts 5.23) — demonstramos respeito pelo corpo tanto na vida como na morte. No entanto, precisamos tomar cuidado para que o funeral não seja de tal modo focado no corpo, a ponto de esquecermos a mensagem vivificadora de Cristo Jesus.

Observações:

____

____

____

Considerações:

Providências:

Capítulo Doze

COLEGAS DE TRABALHO

Como deve ser meu relacionamento com os antigos pastores da igreja, principalmente meu antecessor?

As histórias sobre antigos pastores são muitas vezes parecidas com as de sogras: não passam de histórias. Determine para si mesmo que você não terá inveja de um outro servo de Deus e que jamais considerará o antigo pastor como uma ameaça ao seu ministério. Algumas vezes é preciso muita graça de Deus para conseguir isso, mas é fundamental se quiser ser bem-sucedido.

Para começar, jamais se esqueça de que não há competição na obra de Deus: somos todos cooperadores do Pai. Não há dois pastores com os mesmos dons, que alcancem os mesmos objetivos ou ministrem da mesma forma, mas Deus ainda assim pode usar a ambos. Um ara, outro semeia, um outro rega e outro colhe, porém é Deus que faz crescer (1 Co 3.3-9). O primeiro passo para um bom relacionamento com seu antecessor é desenvolver um claro entendimento do que significa o ministério. Ele possui seus próprios talentos e (cremos) usou-os para a edificação da igreja. Você tem os seus e os usará para dar continuidade a esse trabalho. O próximo pastor virá e contribuirá de modo próprio e especial.

Sempre diga algo de bom sobre aqueles que o precederam. Quando forem enaltecidos pelos membros, incentive-os. Ainda que não tenha se saído bem em algumas áreas (não nos acontece a todos?), encontre algo de bom para falar a respeito dele. Faça-o de forma sincera e não como um artifício para angariar amigos e influenciar as pessoas. Se estiver orando por seu antecessor, como é correto que faça, não haverá problema algum.

Quando alguma crítica chegar aos seus ouvidos, tente abafá-la com amor e carinho. O membro que critica o antigo pastor possivelmente irá criticá-lo após sua partida, talvez até mesmo antes. Faça com que todos saibam que você não dará ouvidos a críticas injustas. Após algum tempo, é provável que pare.

Sendo possível, faça amizade com seu predecessor. Se ele for um homem de Deus, não irá invadir sua região, visitar seu rebanho e de maneira deliberada causar problemas. Ainda assim, não se pode evitar que queira ver as pessoas caso visite a região, principalmente se houver amor entre eles. A ética profissional exige que ele se comunique primeiro com você, mas nem todos os pastores entendem de ética. Sempre haverá duas ou três famílias na igreja com quem os laços são mais firmes, e tentar prejudicar relações assim não produzirá bem algum. Confie que seu antecessor não lhe causará problemas. Ele deverá ser suficientemente sábio para não visitar a região logo após sua chegada, a menos que seja convidado pela igreja. Caso ele proponha logo uma visita, não hesite em lhe pedir para esperar. Em geral, a sinceridade e o amor prevalecem entre pessoas que caminham com Deus.

O antigo pastor pode ser de grande ajuda, porém não leve todos os seus problemas a ele. Pode ser que ele tenha ajudado a causar alguns desses problemas. Além do mais, você não vai querer começar seu ministério a partir dos pontos de vista e preconceitos dele. Começar um ministério reprimindo todos os membros da igreja pode ser a pior coisa a acontecer com um novo pastor. Se essa fofoca pastoral começar, sugira com gentileza que ela não deve continuar. Isso não quer dizer que ele não possa alertá-lo sobre os piores encrenqueiros (2 Tm 4.14,15), mas implica evitar manifestações de preferências ou antipatias, na esperança de ser imitado.

E quanto ao pastor mais idoso que se aposenta e permanece na região? Trata-se de uma situação especial que requer medida extra da graça de Deus. Se o ministério de seu predecessor foi longo, profícuo e as pessoas o amavam, seja grato e partilhe esse amor. Ministre-lhe e você terá um grande ajudador. Além disso, seu amor por ele ajudará a conquistar o amor da igreja. No mesmo instante em que surgir alguma inveja ou atrito, ponha diante do Senhor e resolva; caso contrário, todo seu ministério ficará envenenado, podendo acabar num completo desastre. Se o rebanho preferir que o antigo pastor conduza casamentos e funerais, seja paciente. Ofereça-se para iniciar o culto ou participar de alguma forma, mas permita que ele atue. No devido tempo você ganhará o amor e o respeito de seu rebanho.

Quando surgir uma boa oportunidade, convide seu antecessor para voltar e pregar, mas não pense que todos concordarão com isso. Todo líder possui amigos e inimigos. Faça da ocasião uma festa de boas-vindas e você colherá muitos frutos ao longo dos anos que se seguirão.

Como devemos agir quando o último pastor partiu em meio a um ambiente carregado, talvez até em franco pecado? Investigue a situação de forma discreta e chegue a suas próprias conclusões. Você tem todo o direito de entrar em contato com o pastor afastado e ouvir o que ele diz. Se houver algum grave problema moral, é melhor tomar cuidado com seu relacionamento com ele, para que não se abram velhas feridas. Obviamente, vocês podem ser amigos e irmãos em Cristo, porém não será sábio convidá-lo para pregar ou incentivar o rebanho a repensar o caso. O antigo ministro com certeza ficará feliz se deixar a poeira baixar.

Chegará o dia em que *você* será o antigo pastor, logo, tome cuidado com suas ações. Poderá não ser fácil, principalmente se seu sucessor parecer destruir o que você se esforçou tanto para construir, mas deixe nas mãos de Deus e nem pense em interferir. Em especial, não escreva cartas e não creia em tudo que ouvir. Ore pela igreja, por seu sucessor e volte-se para o trabalho em sua nova região.

Até que ponto devo ter comunhão com os outros pastores em minha região, sobretudo com aqueles que não parecem fiéis à Palavra de Deus?

A palavra comunhão significa "ter em comum", e, com certeza, você tem pouco em comum com pastores não-convertidos ou que não aceitam a Bíblia como a Palavra de Deus. Ainda assim, isso não quer dizer que você deva tratá-los como inimigos. É possível ser amistoso e até mesmo ajudá-los a compreender melhor a Palavra, mas você não deve comprometer seu testemunho de forma alguma. Ser gentil é sempre apropriado, mesmo com pessoas de quem discordamos.

Se você limitar seu círculo de amizades apenas ao seu grupo, poderá morrer de solidão e perder grandes oportunidades de enriquecimento. Se um pastor é convertido e procura servir a Cristo, você pode ter comunhão com ele a despeito de vínculos denominacionais. Aliás, ele pode precisar tanto de você como você precisa dele. O teste de comunhão é Jesus Cristo, sua pessoa e sua obra (1 Jo 4.1-6), não nossa própria interpretação da verdade de Deus. Hoje em dia, praticamente toda grande denominação possui ortodoxos e liberais. O melhor é julgarmos (no bom sentido) os ministros pelo que são, não pela denominação a que pertencem.

Antes de concluirmos que nosso próprio grupo é o único puro, devemos nos lembrar de que havia um Judas entre os Doze e que nem mesmo Pedro sabia que Judas era do Diabo (Jo 6.66-71). Antes de rejeitarmos aqueles que não pertencem ao nosso grupo especial, leiamos a advertência de Cristo em Marcos 9.38-41. Podemos pensar que nossa igreja local é a única igreja verdadeira da cidade, mas em Apocalipse 2 e 3, Jesus se dirige a "igrejas" que tinham graves falhas e fraquezas.

Nossa experiência ensinou que precisamos ter comunhão com outros pastores. O pastorado é um trabalho árduo, e os servos de Deus podem ajudar uns aos outros a travar essa batalha. Reconhecemos o fato de que há uma diferença entre se relacionar, ter amizade e comunhão. E tomar um cafezinho com um amigo pastor é completamente diferente de convidá-lo a pregar em seu púlpito. Em sua região, você encontrará ministros com quem não concordará em cada detalhe teológico, mas cuja comunhão enriquecerá sua vida e seu ministério. Conheça-os, ore por eles e com eles. Concentre-se nas facetas mais importantes da fé, não em pormenores. Aprenda a ouvir, e você aprenderá com esses obreiros.

Mesmo quando as igrejas não conseguem cooperar no ministério, os pastores ainda podem ser amigos. Aquilo de que os ímpios de nossa comunidade mais gostam é assistir a guerras entre pastores ou igrejas. Existem alguns que prosperam nesse cenário e chegam a se tornar famosos atacando publicamente as outras pessoas. Devemos, com certeza, defender a fé, mas são doutrinas, e não pessoas, que devem receber nossa atenção. De mais a mais, os pastores costumam mudar de igreja, portanto seja paciente com seu vizinho problemático.

Que diretrizes devem ser seguidas na formação e no trabalho de uma equipe pastoral?

Conforme a igreja cresce, o pastor precisa de mais ajuda. Estima-se que um pastor comum consiga se sair bem com até duzentos membros. Acima disso, ele precisa de ajuda se quiser evitar transtornos. Em geral, a primeira pessoa a ser chamada é uma secretária em tempo integral, seguida de um co-pastor. Peça a Deus que lhe dê uma secretária, se possível, pertencente à congregação. Se não houver ninguém disponível, uma igreja amiga da mesma região pode ter um membro que se disponha.

Não chame muita gente de uma só vez, pois leva tempo para a congregação se acostumar a novos líderes. Igrejas que se apressam em encher seus "quadros", ignorando seus líderes e membros, podem ser destruídas por isso. Você não quer que a igreja pense que a congregação paga funcionários para que esses façam todo o trabalho. O propósito de uma equipe pastoral é possibilitar que as pessoas façam o trabalho do ministério (Ef 4.7-16).

À medida que for acrescentando pessoal, certifique-se de deixar bem claro, por escrito, as responsabilidades do serviço, as questões financeiras, a quem a pessoa deverá se reportar e os vários benefícios envolvidos. Seja profissional nesses primeiros passos, pois eles definirão um padrão para a entrada de mais pessoas no futuro. Tenha também em mente que a igreja *chama* pessoas, não *contrata* pessoas — a menos que você queira mercenários! Elas aceitam um ministério, não um emprego.

Os três requisitos básicos da liderança são capacidade, responsabilidade e prerrogativas. Todo membro da equipe deve prestar contas a alguém, geralmente ao pastor-presidente ou a uma comissão da igreja. Quanto mais um membro da equipe precisar de supervisão, menos valioso ele será, portanto chame pessoas em quem possa confiar. Se não houver um equilíbrio entre responsabilidades e prerrogativas, você acabará por enfraquecer a equipe, logo não tente controlar cada detalhe do trabalho. Excesso de prerrogativas significa que nenhum trabalho está sendo feito; excesso de responsabilidade significa que o obreiro está ficando frustrado. Deve haver um equilíbrio.

Você deve dedicar algum tempo a cada membro da equipe, dando-lhes a oportunidade de falar sobre seus problemas e planos. Não permita que o ministério da igreja atue em função dos problemas, mas sim em função de seus propósitos. Os problemas não passam de oportunidades para se ver Deus em ação, e a equipe com certeza tem sugestões a fazer. É interessante que os integrantes da equipe façam relatórios regulares de seus ministérios, pois isso ajuda a mantê-la atualizada quanto às atividades de cada um.

Ao acrescentar ou substituir membros, tenha cuidado para não sair simplesmente "atribuindo tarefas". Atividades pormenorizadas são úteis, mas não são a última palavra em administração. No ministério, devemos combinar dons espirituais e habilidades naturais com oportunidades e necessidades. Cada pastor de jovens, por exemplo, possui sua própria forma de trabalho com os jovens: uns usam o esporte, outros a música, e assim por diante. Esperar que novos obreiros façam exatamente o mesmo que seus antecessores é engessar o programa. Não se consegue ter dois colaboradores iguais, mas você pode descobrir talentos e dar a oportunidade de eles serem usados. Cabe ao pastor criar uma atmosfera instigante, tornando mais fácil e divertido para a equipe a tarefa de descobrir, desenvolver e usar seus dons.

Uma das partes mais difíceis do trabalho do pastor é lidar com um membro da equipe que não esteja fazendo seu trabalho a contento. Todos gostaríamos de postergar uma reunião dessas, mas, tanto pelo bem da pessoa como da igreja, não podemos ousá-lo. "Fiéis são as feridas feitas pelo que ama" (Pv 27.6). Assim como apascenta o rebanho, você deve apascentar sua equipe. Se houver uma agenda de reuniões individuais com os membros da equipe, você poderá abordar o assunto. Caso contrário, deverá solicitar uma reunião para um momento oportuno. A princípio será difícil, mas Deus operará e juntos, você e seu obreiro "falho", serão capazes de enfrentar o problema e solucioná-lo. Nunca deixe que uma amizade pessoal com um membro da equipe lhe impeça de enxergar as deficiências da pessoa.

Pastores com equipes cada vez maiores arcam com fardos que um pastor solitário nem pensa em encontrar. Leva tempo para se aprender a trabalhar em equipe e o tempo é um bem precioso no ministério. Na teoria, o tempo gasto com a equipe possibilita que você realize mais coisas. Se isso não estiver acontecendo, algo está errado. O valor de um obreiro pode ser avaliado pela quantidade de supervisão de que ele necessita. Se você tiver de tomar todas as decisões, ele tem pouco valor para você.

Muitos pastores acham útil fazer uma reunião de equipe no primeiro horário, segunda-feira pela manhã. O último culto dominical ainda está fresco em suas memórias e todos podem conversar a respeito do que aprenderam sobre o rebanho. Revise a programação da semana e assegure-se de que não ocorram conflitos de horário. Atualize as listas de enfermos, encarcerados e hospitalizados, designando quem visitará quem. Uma ou duas horas com sua equipe poderá lhe poupar horas de trabalho ao longo da semana. Nem é preciso dizer que você e sua equipe devem orar juntos, não apenas na reunião semanal, mas também durante a semana, quando trabalharem em conjunto.

Estabeleça regulamentos: horários de almoço, intervalos, despesas e assim por diante. Tudo isso deve ser aprovado pela diretoria. Em outras palavras, administre a equipe como se fosse uma atividade empresarial, não o escritório de uma igreja. "Mas faça-se tudo decentemente e com ordem" (1 Co 14.40). Devemos sempre lembrar nossa equipe de que trabalhamos para o Senhor. Ora, o Senhor espera que sejamos tão zelosos do uso do tempo como se trabalhássemos para qualquer outra empresa. Estabeleça um horário para que todos cheguem ao escritório pela manhã. Você deverá dar o exemplo e chegar antes de todos. Temos a obrigação, para com o Senhor e o rebanho (cujas ofertas pagam nossos salários), de sermos fiéis e trabalharmos duro.

Alguns pastores mais antigos ficam aborrecidos ao pensarem que trabalham mais que a equipe. Em teoria, ela existe para que o pastor possa realizar mais, todavia isso nem sempre é verdade. Quando você precisa de seu assistente, muitas vezes ele não está lá. (É claro que o oposto seria pior: um membro que trabalhe mais que o pastor!) Não seja crítico, pois nem sempre é possível saber o quão eficiente vem sendo o ministério da equipe. Se sentir que não pode confiar neles, deverá conversar francamente sobre suas apreensões, mas não espere que assistentes principiantes e jovens demonstrem a mesma preocupação e senso de urgência que você. Vez por outra, encontramos exceções, porém seus assistentes jamais se darão conta da abrangência do trabalho até assumirem suas próprias igrejas. Se firmarmos em cada um a essência do ministério, eles serão bem-sucedidos.

Uma última questão: há uma diferença entre delegar responsabilidade e transferir responsabilidade. Os membros da equipe ficam ressentidos quando o pastor lhes joga todas as tarefas desagradáveis de que não quer se ocupar. Devemos ser justos e tratá-los como ministros, não como "empregados". Ao delegarmos responsabilidades, estamos dando a oportunidade de desenvolverem seus dons. Mantemos contato, incentivamos e protegemos caso ocorram problemas. Transferir uma responsabilidade significa tirar algo da frente e esquecer.

Capítulo Treze

O RELACIONAMENTO COM PESSOAS PROBLEMÁTICAS

Como devemos lidar com aquelas pessoas "diferentes" que são atraídas para as igrejas, ocupando grande parte do nosso tempo com seus problemas pessoais? Como podemos ajudá-las?

Alguém já disse que "os insetos são atraídos para onde a luz brilha mais". Um ministério fortemente bíblico e uma congregação alegre atrairão com freqüência pessoas estranhas, principalmente nas cidades. Vamos a algumas sugestões práticas.

Em quase toda igreja, existem pessoas com problemas, outras que criam problemas e aquelas problemáticas que parecem viver de seus problemas. Seja gentil e carinhoso, mas sincero e firme. Trate-as como Jesus as trataria e fale a verdade com amor. Faça com que saibam que são bem-vindas em nome de Jesus, mas que você não terá como lhes dedicar todo o tempo de que dispõe. Peça que orem por você e cumprimente-as quando encontrá-las. Observe as características positivas e não necessariamente as negativas. Lembre-se do que disse o Senhor sobre cada "um destes meus pequeninos irmãos" (Mt 25.40,45).

Muitas delas irão procurá-lo após o culto, quando você deseja conversar com os visitantes ou atender pessoas que foram tocadas pela Palavra. É aqui que os membros fiéis de sua igreja podem realizar um grande ministério. Tenha dois ou três bons homens e mulheres ao seu lado, de modo que possam resgatá-lo, caso a conversa se prolongue demais. Eles podem dizer: "Pastor, detestamos interrompê-lo, mas há uma mulher aqui que tem um problema espiritual. Talvez possamos conversar com o senhor "fulano" enquanto o senhor conversa com ela". Isso pode ser feito de forma gentil e sem deixar ninguém constrangido.

Tais pessoas muitas vezes têm necessidades reais e, algumas vezes, sérios problemas emocionais; por isso não deixe de atendê-las, porém nunca permita que monopolizem seu tempo. Elas podem não saber soletrar co-dependência, mas certamente a vivenciam! Não tente ser um psicólogo amador. Apresente-as a cristãos maduros que saibam como ajudá-las. Nunca se sabe o que seu ministério de amor pode significar para elas em seus momentos de solidão.

Outras vezes, o procurarão para que você endosse um livro ou produto, ou para que explique alguma longa e difícil passagem bíblica. Sugira que lhe telefonem durante a semana ou marque de imediato um horário para se encontrarem. Explique que a igreja não endossa produtos e que a diretoria se ocupa desses assuntos. Tenha em mente, contudo, que tais solicitações aparentemente inadequadas podem esconder uma necessidade mais profunda. A pessoa pode querer abordá-lo, mas sem saber como fazê-lo. Algumas das melhores oportunidades para se ministrar a Palavra surgirão em situações consideradas inoportunas. Quando estava na terra, Jesus era, sem dúvida, abordado por todos os tipos de pessoas problemáticas e, como indicam todas as evidências, Ele as recebia com carinho e procurava alcançar suas necessidades. Devemos agir da mesma forma.

Existem pessoas cuja identidade é definida por um problema eternamente sem solução. Se você as ajuda a resolver esse problema, elas perdem a própria identidade. É bem provável que elas não queiram solucionar esse problema. Pessoas assim precisam de ajuda profissional, mas a maioria se negará a admitir e a ver um terapeuta.

A maioria das igrejas parece possuir um "chefe" ou crítico local. Qual a estratégia para lidarmos com eles?

Se a igreja estiver em crescimento, esse problema logo se perderá na multidão. Eles são "sapões" enquanto a lagoa for pequena e rasa. Em águas mais profundas, logo se afogam. Tudo isso quer dizer o seguinte: sem ser indelicado, não dê muita atenção a essas pessoas. Dedique-se aos são devotados e aos líderes que procuram edificar a igreja. Se, quando você se levanta para pregar, tudo o que vê são críticos e pretensos "chefes da igreja" seu ministério corre o risco de se tornar mal-humorado e defensivo. Alimente o rebanho. Crescendo, o corpo se tornará mais capaz de combater os germes.

Quando a situação exigir, enfrente as críticas com amor e sinceridade. Não espere por uma situação desagradável. Peça sabedoria a Deus e você saberá exatamente quando, de maneira discreta, resolver uma situação. Toda igreja precisa de um líder, e, se esse líder não for o pastor encarregado, eles não precisam do pastor. Tenha a convicção de que, com a ajuda de Deus, você liderará o rebanho.

A maioria dos mandões e maledicentes não consegue enfrentar os fatos, quando estes são colocados honestamente e com amor cristão, por isso sua sinceridade irá desarmá-los. Devemos sempre nos lembrar das instruções de Cristo em Mateus 18.15-20, e sempre esperar que tais situações não resultem em questões disciplinares, mas, de qualquer maneira, fique preparado.

Tais pessoas, não raro, foram magoadas e seus egos exaltados não deixam a ferida sarar. Talvez um antigo pastor as tenha ferido, e, para se protegerem de novos desgostos, elas agora criticam o novo pastor. Muitas vezes não é de todo ruim a existência de críticos no meio do rebanho. Ajuda a manter os pastores alertas e encoraja-os a fazer um trabalho melhor. Se todos falarem bem de nós, podemos escorregar para a auto-suficiência e o orgulho, acabando em ruína.

O "chefe da igreja" é tão antigo quanto a própria igreja. João escreveu sobre Diótrefes, "que procura ter entre eles o primado" (3 Jo 9). Alguns destes "chefes" são submissos no lar ou no trabalho, de forma que usam a igreja para massagear o próprio ego. Tais pessoas tanto têm problemas espirituais como de personalidade, portanto você deve tratá-las com cuidado. Deus poderá usar a pregação da Palavra para ajudá-las a se recuperarem. Acima de tudo o mais, ore por elas. Em geral, os bons membros ficam felizes em ter um pastor que consiga lidar com o "chefe" de maneira lúcida e bíblica. Podem se passar meses, ou até anos, para que o "chefe" desafie sua liderança, mas, se seu ministério vem sendo exercido no Espírito, você será capaz de agir com uma postura de força e autoridade. Seja firme, gentil e não tenha medo. Melhor enfrentar a batalha e vencer que viver evitando e desenvolver uma úlcera.

Trate desses assuntos sem fugir daquilo que planejou de antemão, desta forma, todos entenderão a mensagem.

O que podemos fazer quanto a cartas e telefonemas anônimos?

Ignore-os.

Sempre verifique o remetente das cartas que recebe. Se não houver nenhum, passe a carta à sua secretária ou a um membro da diretoria para ler. Se houver algo na carta que você precise saber, eles podem lhe contar. Se você ler toda carta anônima que chegar, ficará perturbado e furioso, e Satanás lançará mão disso para atingir seu ministério. Pessoas que podem ajudá-lo em seu trabalho não se escondem por trás do anonimato. Aqueles que amam e confiam em você, ainda que discordem de suas posições, falarão pessoalmente. Quando uma carta não é digna de ser subscrita, não é digna de ser lida.

Telefonemas já são um pouco mais complicados. Se houver uma secretária, ela poderá "filtrar" as ligações, perguntando: "Quem está falando?" Caso a pessoa se recuse a responder, ela poderá informá-lo e caberá a você atender ou não. O grande problema é o seguinte: pessoas em situações difíceis muitas vezes recorrem ao pastor em busca de ajuda, mas geralmente preferem permanecer anônimas. Isso é mais notado em regiões metropolitanas. Se atender à chamada, pergunte: "O que posso fazer para ajudá-lo?", e procure reconhecer se é um trote, alguém que deseja criticá-lo ou um caso de necessidade. Se a ligação se encaixar num dos dois primeiros casos, apenas diga: "Sinto não poder ajudá-lo, mas deixe-me orar por você". Desligue assim que terminar a oração. Se a pessoa de fato estiver precisando de ajuda, permaneça na linha e procure ajudar. Tente estabelecer uma relação de confiança, de forma a propor um encontro pessoal. Mais de uma pessoa já foi salva do suicídio por um pastor que parou para ouvir, amar e orar.

Se não tiver uma secretária, faça sua própria triagem. Experiência e firmeza o ajudarão aqui. Não se aborreça, não discuta e não prolongue conversas inúteis. Acima de tudo, não fique remoendo a conversa, pois isso o deixará tenso a ponto de ninguém conseguir conviver com você. É isso que Satanás deseja. Entregue a conversa ao Senhor e volte ao trabalho.

Como devo agir quando as pessoas saem da igreja furiosas por causa de algo ou alguém? Devo tentar trazê-las de volta ou apenas ser grato por terem partido?

Ninguém deveria ser forçado a ficar em uma igreja ou mesmo persuadido a voltar. Mateus 18.15-17 certamente se aplica aqui. Se um membro resolveu sair por causa de algo que você disse ou fez, procure-o para uma conversa em particular e tente acertar tudo. Se ele se recusar, visite-o de novo com dois ou três outros membros que sejam maduros na fé. Se a pessoa ofendida continuar se recusando a conversar, leve o caso à congregação e deixe que o corpo resolva.

Os membros que, como crianças, abandonam a igreja batendo o pé, em geral saem dizendo: "Se não posso brincar como quero, vou pegar minha bola e ir para casa!" Eles acreditam de verdade que sua ausência arruinará a igreja, o que provavelmente desejam que aconteça. Sem a menor dúvida, já fizeram o mesmo em outras três ou quatro igrejas na cidade. Costumamos chamá-los de "nômades" — ficam furiosos, dizem não e lá vão eles! É lamentável que tenhamos cristãos de tal modo carnais entre nós, mas é a verdade. Devemos tratá-los de forma gentil, mas com franqueza.

Não encoraje tais pessoas a voltarem. Não negocie com elas ou faça concessões. Caso contrário, farão a mesma coisa da próxima vez que algo as aborrecer. É provável que os membros mais espirituais fiquem ao seu lado, pois não querem mais ver a igreja ser desgastada e degradada por membros imaturos. (É claro que, quando houver parentes, a história será outra.) Se você for novo na igreja, os presbíteros poderão lhe dar um histórico do problema.

Seja sempre gentil com essas pessoas, do contrário lhe darão munição para uma cruzada pessoal. Se encontrá-las, cumprimente-as, mas não dê a impressão de que está ansioso para tê-las de volta. Ore por elas. Com exceção das reuniões do conselho, não as mencione ou a fofoca jogará lenha na fogueira. Você viverá para ver o dia em que Deus operará e as levará a um lugar onde serão espiritualmente úteis.

Alguma igrejas possuem, em sua constituição, uma cláusula de escape que ajuda a resolver situações dessa natureza. Ela reza: "Após nos tornarmos membros, se descobrirmos algo do qual discordamos, seja na doutrina ou na prática da igreja, comprometemo-nos a solicitar a exclusão de nossos nomes do rol de membros". Isso permite que as pessoas insatisfeitas se retirem do rol de membros, poupando-lhe o desgaste de outras averiguações e possíveis penitências. Essa cláusula não substitui a disciplina eclesiástica, mas é uma tentativa de obedecer a Romanos 12.18: "Se for possível, quanto estiver em vós, tende paz com todos os homens". Por sinal, o pedido de remoção do nome do rol de membros deve ser feito por escrito.

A disciplina eclesiástica é algo mais evitado que aplicado, embora precise ser utilizada se for para a igreja glorificar a Deus. Isso será discutido no capítulo 15.

Como desmanchamos as panelinhas na igreja?

Queremos que os membros se conheçam, amem e desfrutem uns dos outros. Por esse motivo, antes de mais nada, certifique-se de que não é apenas um grupo de amigos que gosta de fazer as coisas juntos. Você só tem uma panelinha quando um grupo de membros se isola dos demais da igreja e decide formar um bloco de poder.

Elas são formadas de diversas formas. Algumas vezes é um membro de personalidade forte, que naturalmente atrai e influencia outras pessoas. Pode também ser um problema não-solucionado dentro da igreja, que leva as pessoas a tomarem partido de um lado ou de outro. Alguns desses problemas vêm de longa data e possuem múltiplas implicações, com panelinhas que já existem há muito tempo.

Se você sente que há um desses grupos em sua igreja, leia com atenção a carta de Paulo aos Filipenses. Alguns eram por ele, outros eram contra ele, e havia aqueles que não se comprometiam. Observe o quanto o apóstolo os amava ("todos vós" é uma expressão chave na epístola) e tentava fazê-los amar a Cristo e uns aos outros. O próprio Jesus deu um exemplo de humildade e paciência que devemos imitar. A menos que a questão envolva algo grave, como doutrina ou política da igreja, não utilize o púlpito para pregar a respeito. Seja um pacificador, ore por todos, ame todos, e aproveite todas as oportunidades que tiver para destruir muros e criar vínculos. Ache sempre algo de bom para falar sobre todos os envolvidos. Lembre a todos o que realmente importa: ganhar os perdidos, enviar missionários, edificar a igreja por quem Jesus morreu. Deixe que o Espírito de Deus lhes mostre sua própria mesquinhez, egoísmo e falta de visão.

Algumas vezes é preciso haver uma crise para transformar o coração das pessoas, e, não raro, é o pastor que precisa sofrer. Isso não importa: nosso Salvador sofreu por nós e é um privilégio partilharmos de seu sofrimento. Espere, vigie, ore, ame as pessoas e pregue a Palavra com determinação. Deus irá operar e você terá a alegria de ver progressos. Talvez o problema não seja de todo resolvido durante seu ministério, mas você terá ajudado o próximo pastor a encerrá-lo.

Infelizmente, algumas igrejas criaram divisões que pastor algum foi capaz de remover. Sabemos de uma, onde toda uma classe de Escola Dominical se recusou a aceitar o novo pastor, passando a funcionar de forma independente, sem relação alguma com as outras partes da igreja. O pastor sábio aprende a sorrir diante desse tipo de atitude, ama todas as pessoas e procura ser uma bênção para todos. Você não pode forçar as pessoas a gostarem de você, assim como elas não podem forçá-lo a odiá-las. Você pode orar e pedir que Deus as torne naquilo que devem ser. Não permita que a insignificância de poucos subtraia o amor de muitos. Assim como o corpo humano não pode parar, apesar de um ferimento ou deficiência, o corpo espiritual também deve seguir em frente, ainda que sofra com os ossos quebrados. (Aliás, a palavra "restaurá-lo", em Gálatas 6.1 – NVI, significa "consertar um osso quebrado".) Deus sabe, se importa e agirá no devido tempo.

Um dos membros, que possui visões bastante peculiares acerca das Escrituras, está sempre tentando persuadir novos convertidos a aceitarem suas posições. Que devo fazer?

Após desenvolver um bom relacionamento, procure esse membro pessoalmente e discuta com educação seus pontos de vista. Se estiver defendendo uma posição antibíblica, tente instruí-lo na verdade (2 Tm 2.23-26). Pode ser apenas ignorância, portanto tenha paciência. Se estiver resoluto em suas posições heréticas e se recusar a se arrepender, você terá de tomar todas as providências oficiais que forem necessárias (Rm 16.17-20). De vez em quando, alguém assim lê uns poucos livros e o conhecimento adquirido, em vez de sensibilizar o coração, incha-lhe o ego (1 Co 8.1).

A palavra *herege* (Tt 3.10) também significa "aquele que escolhe", ou seja, existem pessoas na igreja que querem que os outros optem contra ou a favor de suas posições, como se seus "saberes" fossem os únicos possíveis. Os hereges dividem a igreja, e Tito 3.9-11 nos diz o que fazer com eles. Precisamos alertá-los por duas vezes, e, na terceira, devemos excluí-los oficialmente da igreja, sem jamais os recebermos de volta.

Por algum motivo, quase todas as igrejas possuem membros que "vão fundo na Palavra" e surgem com interpretações heterodoxas. Se forem pontos de vista inócuos, ignore-os, pois podem apenas querer chamar a atenção. Em vez de usar o tempo para ganhar os perdidos e edificar os santos, tais pessoas tentam somente atrair convertidos para sua causa. Na maior parte do tempo, são inofensivas, e a igreja se limita a sorrir e ignorá-las. No entanto, podem virar problemas reais que precisam ser resolvidos. Explique-lhes que você as ama, mas discorda de suas posições, ressaltando que não poderá permitir que infectem a igreja. Entabule conversas privadas e tente raciocinar com elas. Se não ouvirem, só lhe restará discipliná-las para proteger a comunidade.

Capítulo Quatorze

MEMBRESIA

Como uma igreja consegue manter um rol de membros que condiga com a realidade? Afirmar que temos trezentos (ou três mil) membros, quando não podemos localizar a metade deles é, para mim, uma mentira. Não queremos uma multidão de membros inativos, mas, ao mesmo tempo, não queremos irritar as diversas pessoas que se consideram membros.

Uma forma de depurar as listas de membros é acrescentar a seguinte frase à constituição da igreja: "A cada seis meses, o pastor e os diáconos (presbíteros) deverão examinar o corpo de membros. Aqueles que não tiverem comparecido aos cultos durante os últimos seis meses serão automaticamente transferidos para uma lista de inativos. Caso retornem, sempre comparecendo aos cultos, poderão ser reintegrados à lista de ativos". Esse requisito para que uma pessoa se torne membro deverá ser explicado a toda congregação e a cada novo integrante, sendo que o aceite da membresia implicará a concordância com tal dispositivo. Ninguém deve se juntar de forma cega a uma igreja.

A igreja outorga ao pastor, com os diáconos (e/ou presbíteros), a prerrogativa de analisar o rol de membros. Melhor que alguém sozinho, um grupo de pessoas terá informações mais confiáveis quanto à freqüência nos cultos. O pastor não precisa ler os nomes publicamente, constrangendo todos. Isso também significa que os ausentes não serão expulsos da igreja, mas apenas transferidos a uma outra categoria. No caso de irem para uma outra igreja e pedirem uma carta de transferência, esta trará um texto mais ou menos assim: "Em 5 de julho de 1992, por determinação dos presbíteros, o senhor "fulano de tal" foi transferido para a lista de membros inativos". Mais uma vez, é preciso reforçar que tal política deverá ser explicada a todos da congregação.

E como você notifica os membros de sua mudança de status? Na verdade, o pastor e os diáconos (e/ou presbíteros) precisarão tentar rastrear os inativos ao longo de todo o ano. Uma visita pessoal será conveniente, se você souber onde vivem. (Muitas vezes, os membros inativos se mudam sem deixar endereço. Nesse caso, faça o melhor que puder para encontrá-los e indique-lhes uma boa igreja.) Faça com que se lembrem de que todos precisam de alimento espiritual e comunhão com os irmãos, e que em umas poucas semanas poderão perder a condição de membros. Seja paciente, gentil, ore muito e não fique agitado por ver apenas uma lista de nomes, e não as pessoas que precisam do amor de Cristo.

Normalmente, não faz muito sentido enviar-lhes cartas de aviso. Uma carta pode ser algo frio e impessoal, e, se for recebida em um momento de angústia, pode causar danos. Além disso, um membro que não esteja em comunhão com o Senhor pode passear com a carta por toda a cidade, mostrar às pessoas e tentar manchar a reputação da igreja. Os ausentes merecem uma visita, e não me refiro a uma última visita. Mantenha-se em contato com eles, pois nunca se sabe o que Deus pode fazer.

Tudo isso requer a atenção e o interesse pessoal por parte do pastor e dos líderes, mas vale a pena. Somos membros do Corpo de Cristo, e, como tal, devemos ministrar uns aos outros. Uma igreja que se importa com cada um é uma igreja que cresce.

Podem ser necessários alguns anos para se chegar a tal ajuste, por isso vá com calma. Quando os integrantes da congregação perceberem que uma política assim não bate a porta na cara dos membros nem constrange as pessoas, irão aceitá-la de imediato. A membresia em uma igreja deve ser algo valioso e importante, e, com políticas assim, podemos conseguir isso.

O maior problema, é claro, ocorre quando a igreja coloca um assunto importante em votação e um dos grupos coopta todos os inativos para apoiar sua causa. Faça o que puder para manter um corpo de membros honesto, mas não espere que isso resolva todos os problemas.

Como um pastor consegue despertar a fidelidade dos membros à igreja? São tantas organizações paraeclesiásticas exigindo tempo, dinheiro e energia de meus bons membros que nem sei como competir.

Alimente e ame suas ovelhas. Deus lhe dará vínculos espirituais muito mais fortes do que qualquer organização pode produzir. Não faça críticas aos outros grupos, pois Deus está usando muitos deles das mais diversas formas. Aliás, se todas as igrejas se dedicassem a cumprir os desígnios de Deus, muitos desses grupos nunca teriam se formado.

A maior falha de muitos pastores é não conseguir envolver o rebanho de maneira profunda na igreja local. Cristãos maduros, com talentos e dons espirituais, desejam trabalhar. Se a igreja não os ocupar, algum outro grupo o fará. Os novos convertidos são a vanguarda de sua igreja, então ponha-os para trabalhar. É claro que ainda não poderão servir como diáconos ou professores de Escola Dominical, mas podem sair em visitas e partilhar sua fé. Podem trabalhar na igreja e usar suas capacidades para o Senhor. Na maioria das vezes, a alma do cristão novo está fervilhando e essa energia deve ser direcionada para ministérios que sejam desafiadores.

Alguns membros preferem trabalhar com organizações para-eclesiásticas por razões que consideramos menores que a fé. Em primeiro lugar, o prestígio é maior. Na igreja local, tentamos não pôr as pessoas em pedestais. Crianças-prodígio, que se frustram com as políticas e procedimentos da igreja, algumas vezes escapam para organizações externas, onde podem fazer o que gostam e ser louvadas por isso. Agradeça a Deus se não houver pessoas assim na sua equipe.

Por outro lado, muitos membros ativos e leais sentem que Deus os quer servindo em outras organizações. Essas pessoas são leais a você e à igreja, todavia podem não comparecer a todas as reuniões. O ministério que exercem haverá de levá-las a outros lugares. Tudo bem! Possivelmente, estão trabalhando mais pelo Reino, ao evangelizar em outras igrejas, que sentadas e ouvindo você. Não fique amuado! Mostre interesse pelo ministério que exercem, ore por elas e agradeça por se ocuparem das coisas do Senhor.

Relacione-se com os líderes dessas organizações. Alguns deles serão uma bênção em sua vida. Não tenha medo de discordar, porém faça-o de forma construtiva.

Em seu ministério, enfatize ao seu rebanho a importância da igreja local. (É curioso que algumas organizações paraeclesiásticas, que estão sempre criticando a igreja, busquem nela o seu sustento.) Organizações vêm e vão, surgem e desaparecem, mas a igreja local permanece. Seu trabalho pode não ser tão estimulante como o de alguns grupos, contudo pode ser mais duradouro. Conforme seu ministério da Palavra for abençoando as pessoas, elas virão porque estão sendo alimentadas. Mantenha o programa da igreja em movimento, planeje de antemão e mantenha os membros envolvidos. Mencione a todo o momento o quanto você os ama e aprecia. Com o tempo, seus corações ficarão unidos e eles amarão e sustentarão a igreja.

Quanto tempo devo ocupar com pessoas que não sustentam a igreja ou meu ministério? Não é correto passar a maior parte do tempo com os membros fiéis?

O texto de Efésios 4.7-16 ensina que o trabalho do pastor é capacitar os santos para que realizem a obra do ministério, mas você não tem como equipar pessoas que estejam fora da influência de seu ministério. Devemos sempre priorizar a evangelização e a edificação dos santos, pois é o que faz a igreja crescer. Isso, no entanto, não significa que precisemos ignorar os membros mais afastados ou aqueles que são apenas espectadores.

Familiarize-se com eles, visite-os de vez em quando e ore regularmente por eles. Como Paulo nos lembra (1 Co 12.14-26), aquele que pensamos ser inútil para a igreja pode ser indispensável à obra. Talvez, algum dia, Deus lhe proporcione uma verdadeira oportunidade de tocar aquela pessoa e você ficará feliz por ter mantido a porta aberta. Pode também acontecer de o chamarem para conduzir o funeral dela, e você ficará feliz por ter mantido contato.

Não temos como provar isso estatisticamente, mas nos parece haver três grupos em cada igreja. De 10% a 15% serão espirituais mesmo que não haja pastor — estes são os pilares da igreja. Outros 10% não serviriam a Deus nem que o apóstolo Paulo os apascentasse. Os 75 restantes podem pender para um ou outro lado. Agora, se você investir seu tempo com os 10 a 15% que estão acima da média, eles podem puxar os outros 75% de que falamos (isso é Efésios 4 na prática). À medida que estes começarem a subir, afetarão de alguma forma os 10% de infiéis. Em outras palavras, pode acontecer que alguns membros da igreja sejam mais eficientes que o pastor na conquista dos mais afastados. Deixe que eles aceitem o desafio.

Por favor, não passe todo o seu tempo tentando resgatar os últimos 10% e não deixe que lhe roubem momentos preciosos que pertencem aos mais fiéis. As ovelhas saudáveis se reproduzem conforme sua espécie, portanto mantenha-as saudáveis.

Com que idade devemos permitir que as crianças se tornem membros da igreja?

Em igrejas de tradição reformada, as crianças são admitidas após o batismo como membros não-comungantes e recebem a membresia plena após a confirmação. O procedimento varia de igreja para igreja, então discutiremos a questão em função daquelas que recebem novos membros a partir da profissão de fé. Seja qual for o procedimento de admissão, é claro que todo postulante à membresia deve ser capaz de testemunhar pessoalmente sua fé em Cristo.

O ponto não é tanto a idade, mas a maturidade, e "uma criança difere da outra na maturidade". Assim como as crianças não são do mesmo tamanho na mesma idade, nem todas possuem a mesma percepção espiritual na mesma idade. Receber como membro uma criança nova demais significa roubar-lhe uma experiência que será muito mais valiosa no futuro. Todos os que trabalham com adolescentes conhecem o problema recorrente: "Eu poderia ter sido salvo aos seis anos de idade, mas agora não tenho tanta certeza".

Com demasiada freqüência, os pais pressionam seus filhos a tomarem decisões a que renunciarão mais tarde. Todo pastor já ouviu o pedido de uma supermãe: "Oh, por favor, aceite o Júnior! O senhor deveria ouvi-lo orar às refeições! Temos certeza de que Deus o fará um missionário!" Nos anos que se seguem, o Júnior, em vez de missionário, torna-se o trabalho de um missionário.

Nosso conselho é avaliar cada caso de modo separado. Busque evidências sólidas de vida e crescimento espiritual. É lógico que a expressão de fé de uma criança não será igual a de um adulto. Se for igual, poderá ser uma imitação intencional. Se a criança for verdadeiramente convertida, postergar o batismo e a membresia por alguns anos não irá destruir sua alma. Seguindo o padrão bíblico dos judeus, muitas igrejas fixam a idade mínima para os membros em doze anos, o que parece ser uma boa idéia. Crianças oriundas de lares cristãos costumam demonstrar mais cedo sinais de vida espiritual. Mais uma vez, queremos alertar contra decisões que visam a apenas agradar aos pais. O sábio é firmar em dezesseis a idade mínima para participar em votações na igreja. É questionável que a maioria dos membros com doze anos de idade possa votar com entendimento e discernimento espiritual.

Qual a melhor maneira de incorporar novos membros à congregação?

Apresente-os publicamente à congregação, a fim de que todos tenham a oportunidade de conhecê-los. Algumas igrejas fazem isso em meio a uma recepção para novos membros. Incentive os líderes a recebê-los em suas casas. Você e sua equipe devem dar o exemplo aqui.

Use o sistema de camaradagem (ou sistema Timóteo) e junte o novo membro a um outro membro da igreja (2 Tm 2.2). De início, eles podem visitar juntos. Novos convertidos, entusiasmados, têm tudo para ser a vanguarda da igreja, portanto deixe-os testemunhar sua fé!

Não é uma boa idéia subitamente empurrar pessoas novas para posições de responsabilidade, porque em geral leva tempo para que absorvam a cultura da igreja. Leve o tempo que for necessário para descobrir os dons e talentos de cada um, experimentando-os em posições menores, e, quando estiverem prontos, selecione-os para um ministério. Trabalhar pelo Senhor é a melhor forma de se adaptar a uma nova igreja. Lamentavelmente, existem pastores mais ansiosos que empurram seus "adeptos" para posições de liderança e passam a controlar o que pensam e como servem. Isso exclui pessoas mais velhas e experientes, e, em pouco tempo, os amadores passam a *ser* a igreja. Leia 1 Timóteo 3.6 e 5.22.

A integração de novos membros não deve ser deixada ao acaso. Alguém de sua equipe ou entre seus líderes deverá ser designado para cuidar disso, providenciando para que o novo convertido ou novo membro não seja negligenciado. Um recém-chegado em companhia errada pode se tornar um problema.

Lembramo-nos de um pastor que ressaltava a importância da evangelização para seus líderes. "Queremos ver dezenas de novos convertidos e novos membros", dizia ele. Um dos colaboradores mais perspicazes perguntou: "Pastor, a causa é nobre e concordamos integralmente com o senhor, mas a grande pergunta é a seguinte: 'Nossa igreja, neste momento, está preparada para cuidar e integrar tantos bebês na fé?'" Após criarem um ministério de integração, Deus, de maneira efetiva, lhes deu bebês para cuidar.

Observações:

Considerações:

Providências:

Capítulo Quinze

DISCIPLINA ECLESIÁSTICA

A disciplina eclesiástica não é uma prática legalista?
Não devíamos praticar a graça?

"A graça e a verdade vieram por Jesus Cristo" (Jo 1.17). Onde houver um ministério inspirado pelo Espírito, centrado na Bíblia e que honra a Cristo, lá estará a verdade. A Palavra de Deus é a verdade (Jo 17.17), Jesus é a verdade (Jo 14.6) e "o Espírito é a verdade" (1 Jo 5.6). Graça não significa encobrir o pecado e olhar para o outro lado. Significa enfrentar o pecado com o amor e aplicar as instruções purificadoras da Palavra de Deus, para que a graça reine pela justiça (Rm 5.21). "Façamos males, para que venham bens" não é uma posição cristã (Rm 3.8).

Deus corrige seus filhos para que se tornem mais e mais semelhantes a Jesus (Hb 12). Não se trata do castigo que o juiz impõe ao criminoso, mas da correção de um pai contristado que ajuda seu amado filho a amadurecer. Sim, a disciplina eclesiástica pode ser praticada com uma atitude hipócrita e legalista, porém não é isso que as Escrituras ensinam. Devemos tratar uns aos outros como Deus nos trata, e Ele é misericordioso (1 Cr 21.13) e piedoso (Sl 103.9-13). Se amamos ao Senhor, repudiaremos o que Ele repudia (Sl 97.10; 139.21,22; Rm 12.9).

SE UM LÍDER DA IGREJA INCORRER NUM GRAVE PECADO, MAS CONFESSÁ-LO E REPARÁ-LO, ELE DEVERÁ SER AFASTADO DE SUAS RESPONSABILIDADES? SE ISSO FOR O CORRETO, QUANTO TEMPO ELE DEVE ESPERAR PARA REASSUMIR?

Não conhecemos passagem alguma no Novo Testamento que afirme a necessidade de um servo ficar sob observação após reparar seu pecado com Deus e a igreja. Pedro confessou seu pecado e teve sua comunhão e discipulado restaurados (Jo 21.15-19), e tratava-se de um apóstolo!

Quando falamos de líderes espirituais, dois fatores devem ser levados em conta: a vida espiritual do indivíduo e uma possível perda de confiança por parte dos outros membros, principalmente dos outros líderes. Confessados nossos pecados, Deus nos perdoa de imediato, mas algumas vezes devemos passar por um período de "recuperação" antes de voltarmos a servir. Remédios que matam os germes não restauram de imediato a saúde e a força do paciente. Voltar de modo muito rápido ao ministério pode provocar uma outra derrocada. Se os outros líderes estiverem em dúvida, o melhor é sugerir uma licença. Isso não quer dizer que a igreja repudie a confissão daquele que transgrediu, mas sim que o ama intensamente. Por essa razão a igreja o impede de voltar a se machucar com um retorno precipitado às suas responsabilidades espirituais.

Tente impedir que questões disciplinares virem escândalos públicos. Quanto maior a responsabilidade, maiores os danos provocados pelo pecado. Haverá casos em que a melhor opção será o transgressor, após reparar o que fez, renunciar em silêncio. Se a confissão for sincera, o líder não se oporá a essa sugestão. Em situações envolvendo roubo, libertinagem ou rebeldia, renunciar ao ministério é o melhor para o transgressor. Ao pastor, caberá assistir o membro com aconselhamento regular. Lembre-se, pois, do conselho de Paulo: devemos amar e perdoar aos que se arrependem, a fim de que não fiquem deprimidos e se tornem alvos do Diabo (2 Co 2.1-11).

Como podemos começar a praticar a disciplina eclesiástica em igrejas que a vinham ignorando há anos?

A disciplina é uma importante parte da vida cristã, pois Deus disciplina os seus filhos (Hb 12) e temos a obrigação de nos autodisciplinarmos (1 Co 9.24-27). Deus espera que o pastor discipline seus próprios filhos (1 Tm 3.4,5), e, quando necessário, também os filhos de Deus. Disciplina eclesiástica, na verdade, é o exercício da autoridade espiritual de Deus por intermédio da igreja local, com o propósito de resgatar o crente do erro e manter a pureza da igreja.

Após conversar sobre o assunto com os líderes do ministério, informe a igreja, do modo mais gentil possível, que você deseja obedecer à Palavra de Deus. Explique que a repreensão é evidência de amor e que, se você ama seus membros, quer resgatá-los das garras do pecado. Em 1 Coríntios 5, vemos que a disciplina visa ao bem do transgressor (vv. 1-5), da igreja (vv. 6-8) e da sociedade ímpia, que precisa do testemunho de uma igreja santa (vv. 9-13). Disciplina eclesiástica não é um pastor impondo sua vontade ou um conselho de igreja agindo como um tribunal, mas precisa ser a atuação de Deus sobre a vida da congregação, ou não alcançará efeito algum.

O Evangelho de Mateus capitulo 18 descreve os ingredientes necessários para uma disciplina bem-sucedida: humildade (vv. 1-6), honestidade (vv. 15-17), obediência à Palavra (vv. 18,19), oração (v. 20) e um espírito indulgente (vv. 21-35). A menos que a igreja tenha a atmosfera correta, tentativas nessa área farão mais mal que bem. Antes de sequer pensar em começar com a prática da disciplina, é preciso levar a igreja à correta condição espiritual, o que exige tempo, oração, amor e um ensino fiel.

E quem deve aplicar as sanções disciplinares? Tudo começa com um pastor interessado pelo rebanho (Hb 13.17; 1 Pe 5.1-4). Em 1 Timóteo 5, lemos que os pastores devem tratar o rebanho como membros de sua família: os mais idosos, como pais e mães; os mais novos, como irmãos e irmãs (vv. 1,2). Aconselhamos que o pastor dê o primeiro passo em caráter privado e se aviste com o transgressor. Posteriormente, os outros líderes podem ser envolvidos. A maioria das igrejas já possui procedimentos estabelecidos, seja na constituição seja no regulamento disciplinar da denominação, porém tais princípios não devem impedir que o pastor se reúna em particular com o possível transgressor a fim de ajudá-lo. Nossa experiência confirma que há consolo quando o pastor, com amor, tem com ele uma conversa entre amigos e em caráter confidencial, procurando recuperá-lo.

É claro que, se essa conversa não surtir efeito, passa a valer Gálatas 6.1-3: acompanhado de alguns líderes, volte a tentar. Jesus disse o mesmo em Mateus 18. Se isso não funcionar, toda a igreja (infelizmente) precisará ser envolvida (1 Co 5). Quando o pecado não é confessado, acaba por crescer e abarcar um número maior de pessoas. Eis algumas diretrizes:

1. Antes de fazer acusações, certifique-se de que existem testemunhas (1 Tm 5.1; 2 Co 13.1). Você precisa de fatos, não de boatos.

2. Se a situação for muito séria ou o transgressor for agressivo, leve a testemunha consigo já no primeiro contato.

3. Tente ser imparcial (1 Tm 5.21).

4. Não se apresse! Leia Provérbios 18.13,17 e 1 Timóteo 5.22. Ore, reflita e aguarde, mas não deixe que a cautela o impeça de agir. Não espere ficar a par de todos os aspectos da questão (1 Tm 5.24,25).

Quais transgressões devem ser consideradas graves a ponto de exigirem disciplina?

Segundo o que compreendemos, as seguintes transgressões exigiriam uma intervenção e possível disciplina:

1. Diferença pessoal entre dois ou mais membros (Mt 18.15-18; Fp 4.1-3). Não se intrometa em rixas pessoais até que pelo menos um dos envolvidos tenha tentado obedecer às instruções de Cristo.
2. Entregar-se voluntariamente ao ócio ou recusar-se a trabalhar pelo sustento (2 Ts 3.6-16; 1 Tm 5.8).
3. Incorreção doutrinária. De início, ensine com paciência (2 Tm 2.23-26); se isso falhar, passe à repreensão (Tt 1.10-14; Gl 2.14). Em último caso, evite a pessoa (Rm 16.17-18) e afaste-a da comunhão com a igreja (2 Jo 9-11). Tenha discernimento para identificar pessoas com problemas doutrinários. Há uma diferença entre aqueles que ignoram a Palavra e os que, apesar de conhecerem a verdade, promovem falsos ensinamentos.
4. Encrenqueiros contumazes (Tt 3.10). Pessoas que ficam sondando os membros da igreja, perguntando: "Você está do meu lado ou do lado do pregador?", devem ser censuradas por duas vezes, e, na terceira ocorrência, devem ser afastadas da igreja.
5. Pecado aberto (1 Co 5; Gl 6.1-3). Diante de um acontecimento assim, a atitude da igreja deve ser de lamento. Deve haver oportunidade para que se arrependam e reparem os males que causaram. Caso se recusem a fazê-lo, devem ser afastados. (Em 1 Coríntios 5.2,13, o vocábulo grego significa "excluir, expulsar".)

> Trata-se de um ato oficial por parte da maioria da igreja (2 Co 2.6). É claro que, no caso de se arrependerem, podem e devem ser perdoados e recebidos de volta (2 Co 2.6-10).

Alguns membros imaginam que providências disciplinares provocam confusões, mas isso só ocorre se tudo for feito com uma disposição equivocada, sem humildade e oração. Assim como ocorre no lar, um castigo aplicado com amor sempre traz mais união à família. Ele fortalece a autoridade da Palavra, honra o nome de Cristo e leva a igreja a experiências espirituais mais elevadas. Além disso, ainda reforça o testemunho da igreja frente aos não-convertidos.

Jamais esqueça o seguinte princípio básico: pecado privado, confissão privada; pecado público, confissão pública. Tente não lavar roupa suja em público. Não há necessidade alguma de expor detalhes sórdidos diante da congregação, principalmente com crianças e adolescentes presentes. Quando uma pessoa se apresenta diante da igreja, a fim de voltar a ser aceita, informe que você e os presbíteros já trataram do problema e que ela deve ser perdoada e recebida. Tanto para o transgressor como para a igreja, essa pode ser uma experiência de amor extremamente valiosa.

Assim como na medicina, o melhor tipo de disciplina é a preventiva. Quando a Palavra é pregada com fidelidade, o Espírito Santo a usa para convencer e disciplinar corações. Mantenha-se sempre atento ao início do pecado, pois é mais fácil limpar uma ferida que amputar um membro. Deus concede um "radar espiritual" aos seus pastores, o qual os ajuda a detectar quando as coisas começam a ir mal. É nesse momento que devemos agir. Busque a direção de Deus e, na hora certa, Ele lhe dará uma oportunidade para falar com as pessoas envolvidas. Se a disciplina for aplicada de maneira correta, as pessoas o amarão ainda mais, pois saberão que você se importa o suficiente para não lhes permitir pecar. "Fiéis são as feridas feitas pelo que ama, mas os beijos do que aborrece são enganosos" (Pv 27.6).

Por fim, seria um absurdo usar um canhão para matar uma pulga. Lemos em 2 Tessalonicenses 3.6-16 que existem diversos graus de disciplina: exortar (v. 12), apartar-se do transgressor (vv. 6,14) e advertir publicamente a pessoa (v. 15). A exclusão pública é o último recurso. Devemos confiar que os transgressores caiam em si antes que isso seja necessário, mas, se não houver alternativa, não tenha medo de agir. Tão somente certifique-se do apoio de seus líderes e de que vocês todos estão agindo em obediência e submissão à Palavra de Deus.

E SE ALGUÉM NA FAMÍLIA DO PRÓPRIO PASTOR SE DESVIAR E PRECISAR SER DISCIPLINADO?

O que nossos filhos fazem após crescerem e saírem de casa nem sempre está sob nosso controle. Cremos que, se os filhos forem corretamente criados, estarão inclinados a viver de maneira correta. Ainda assim, mais de um obreiro cristão já viu sua progênie enveredar pela licenciosidade. Graças a Deus, muitos filhos pródigos acham o caminho de volta ao lar! Sendo assim, jamais desista de ninguém. “A caridade nunca falha” (1 Co 13.8).

Um dos requisitos para o pastorado é que os filhos sejam obedientes e respeitosos (1 Tm 3.4-5); o que, supomos nós, diz respeito aos filhos que moram com os pais e permanecem sob sua autoridade. Não vemos por que um pastor fiel deva deixar o ministério em função de erros cometidos por um membro mais velho de sua família. Para que termos duas vítimas? Os líderes da igreja se afastam quando os filhos cometem erros? Normalmente não. No entanto, devemos confessar que um ministério pode ser prejudicado pelo mau testemunho de um familiar. Pode ser um fardo com que tenhamos de conviver. Se o comportamento de um filho mais novo enfraquece seu testemunho, pode ser o caso de se transferir para um outro ministério, que não o pastorado. De qualquer forma, não se desespere. A vida não acabou e Deus ainda está operando em nós.

Muitas vezes, não são os membros da igreja, mas os colegas pastores que tratam o ministro com mais dureza. Devemos amar e perdoar, pois Mateus 7.1-5 continua a fazer parte da Bíblia. O amor cristão nos impede de enumerar aqui os nomes de alguns grandes homens de Deus, cujos filhos foram uma grande dor de cabeça. E por falar nisso, muitos servos de Deus puderam ver seu ministério receber um novo impulso em virtude de uma crise familiar. Deus é capaz de converter “a maldição em bênção” (Ne 13.2).

Observações:

Considerações:

Providências:

Capítulo Dezesseis

O PASTOR E O SEU LAR

Até que ponto minha esposa deve participar do ministério?

Visto que no casamento "dois se tornam um", sua esposa há de participar, quer você goste quer não. Pastores que não podem contar com suas esposas, partilhando com elas o fardo que carregam, estão fadados a um difícil e solitário ministério. Não raro, nossos lares são mais significativos para o rebanho que nossos sermões; precisam ser bênçãos para nossos vizinhos e para as igrejas que servimos.

O volume de trabalho ministerial assumido por sua esposa depende dos dons espirituais e das habilidades que ela exibir. Algumas são tranqüilas e sossegadas e fazem um grande trabalho de bastidores, treinando e incentivando os outros. Outras desembaraçadamente aceitam posições que envolvem liderança e atuação pública. Sua esposa deve ser ela mesma e não a imitação de alguém. No caso de mudar para um outro ministério, permita que ela "se adapte" antes de assumir responsabilidades na igreja. Sim, vocês são uma equipe, mas não é provável que ambos estejam na folha de pagamentos!

O importante é que ambos exerçam o ministério que lhes foi dado por Deus, tanto em casa como na igreja. Alguns membros podem tentar forçá-lo a se encaixar num determinado padrão, mas você deve resistir. Seus ministérios se complementarão e serão uma bênção quando ambos servirem conforme os planos divinos. Quando se sentirem nervosos e frustrados com a vida familiar, ambos devem parar e examinar o coração e a agenda, a fim de verificar se algo não está fora de equilíbrio. Ao orarem juntos diariamente, Deus irá orientá-los. É maravilhoso poder crescer e servir juntos na obra do Pai!

Isso leva a uma outra pergunta: é sábio que alguém solteiro apascente uma igreja?

Mateus 19.12 indica que a condição familiar de uma pessoa não é tão simples quanto sair e encontrar alguém. Deve-se também considerar 1 Coríntios 7.7-12,32-35. Todos devemos descobrir a vontade de Deus para nossa vida. Melhor viver solteiro e solitário que casado e infeliz. Em outras palavras, é melhor passar pela vida desejando o que não se tem que tendo o que não se quer.

Ainda assim, considerando todas as coisas, o melhor é procurar uma esposa conforme a vontade de Deus (Gn 2.18). Muitos santos foram ótimos pastores sem que se casassem: Phillips Brooks, Clarence F. Macartney e Robert Murray M'Cheyne vêm à lembrança. (Posteriormente, Brooks admitiu que ter permanecido solteiro foi um grande erro.) De qualquer forma, há algo vibrante em um lar cristão que enriquece o caráter e o ministério. Os requisitos relacionados em 1 Timóteo 3 não impõem o casamento, mas partem do princípio de que ele exista.

Muitos dos problemas que o pastor enfrenta em seu ministério de aconselhamento são relacionados ao matrimônio e ao lar, logo é bom ter experiência própria em como o Senhor nos ajuda na vida familiar. Falar "de uma posição de autoridade" é bem diferente de falar "com autoridade", o tipo de autoridade que advém de uma experiência pessoal sadia.

Não torne a busca por uma companheira o principal propósito de sua vida. Seja o tipo de cristão que deve ser e o Senhor fará o resto. Quando a parceira certa aparecer, você ficará feliz por ter esperado.

Pode-se então concluir que o lar do ministro é parte vital do ministério?

Exatamente. O lar do pastor com certeza faz parte de seu ministério, porém não deve se tornar uma extensão das instalações da igreja. A família do pastor deve ter tanta privacidade como qualquer outro membro. Se sua casa for contígua ou próxima da igreja, não permita que os fiéis criem o hábito de "passar para uma visita" antes ou após os cultos. Podem ocorrer alguns mal-entendidos antes que você se faça entender por aquelas pessoas bem-intencionadas, todavia insensíveis. Casal algum suporta receber visita sete dias por semana. Jamais faça planos que envolvam o uso da sua casa sem antes consultar sua esposa, a menos que queira pôr a perder a paz em seu lar.

É claro que devemos usar nossos lares para a glória de Deus. Ser "hospitaleiro" é um dos requisitos para o ministério (1 Tm 3.2). Pedro dá a mesma orientação a todos os membros em 1 Pedro 4.8,9, logo isso deve ser importante.

Quando e a quem devemos recepcionar? Tente convidar seus líderes e os cônjuges ao menos uma vez por ano. Em igrejas maiores, onde são muitos, poderá ser necessário agendar diversos jantares ao longo do ano. Os novos membros gostam de conhecer melhor seu pastor. A juventude da igreja deve ser incluída e lembre-se de convidar os estudantes universitários quando voltarem para um feriado ou nas férias de verão. Nem todas as ocasiões precisam ser jantares completos. Uma pizza após o culto pode ser tão bom quanto. Tente convidar os recém-casados, assim como os que acabaram de contrair noivado. Dê a todos um exemplo vivo de um lar cristão e feliz.

Não se esqueça de registrar o nome dos convidados e o que foi servido. Faça isso não apenas com o seu rebanho, mas também com missionários e pregadores visitantes. Isso pode evitar futuros constrangimentos e também ajuda a planejar futuras recepções. Saber o que cada um gosta ou não (ou possíveis alergias) ajudará a torná-los os anfitriões ideais.

Como posso, ao mesmo tempo, ser um ministro fiel, um bom marido e um pai dedicado? Como devemos proceder para evitar conflitos entre o lar e a igreja?

A melhor forma de evitar conflitos é ser sempre a mesma pessoa o tempo todo. Um lar e uma igreja feliz precisam dos mesmos ingredientes: amor, disciplina, sacrifício, a Palavra e oração. Devemos demonstrar na igreja o mesmo amor que demonstramos em casa e ser tão disciplinados em casa como o somos na igreja. É quando separamos a vida doméstica da vida na igreja que nos metemos em confusão. Um pastor deve ser íntegro, não um ator que muda o personagem a cada instante. Não há lugar para dissimulações no ministério — uma outra palavra para isso é hipocrisia.

Ao ministrar para a família, o pastor está ministrando à igreja, e, ao ministrar para a igreja, está ministrando à família, pois um lar cristão bem-sucedido é o maior respaldo da igreja local. Somos, a todo e qualquer momento, pastores, esposos e pais. Afirmar o contrário seria agir como se não o fôssemos, seria viver por trás de máscaras que certamente um dia cairiam.

Um pastor deve dedicar algum tempo à sua família. Orientadores familiares afirmam que não é sempre a quantidade de tempo que conta, mas sua qualidade. Isso é verdade, mas nem sempre os filhos sabem apontar a diferença. Você merece um dia de folga, e nem todas as noites podem ser passadas em reuniões. Felizmente, a maioria dos pastores consegue ajustar sua agenda e priorizar seu tempo. Muitas vezes isso significa sacrifício, porém é disso que a vida é feita.

Se você e sua esposa entrarem em um acordo, as crianças não sofrerão. Se um de vocês está aborrecido por causa de uma agenda lotada, é melhor ambos pararem a fim de avaliar a situação. Se um dos filhos começar a apresentar sinais de problemas pessoais, reveja sua programação semanal e, quem sabe, procure até aconselhamento profissional. Cada filho é diferente: uns podem exigir mais atenção que outros. Não é necessário sacrificar uma criança pelo sucesso da igreja, e Deus pode tomar conta de ambos.

Sua vida devocional pessoal e os momentos de oração com sua esposa são a chave para o sucesso nesse aspecto. A atmosfera no lar é definida por vocês dois. Mantenha-se alerta quanto a sinais que indiquem a necessidade de mudanças nos planos da família. Ninguém gosta de emergências, mas às vezes podem ser oportunidades para um exame da dinâmica familiar.

Como os jovens pastores podem se proteger de mulheres sedutoras na igreja?

Duas correções, por favor: isso pode acontecer tanto com homens como com mulheres no ministério, assim como pode atingir tanto pessoas jovens como maduras. Idade não tem nada a ver com isso. Mais de um pastor em idade avançada já caiu nesse pecado. "Aquele, pois, que cuida estar em pé, olhe que não caia" (1 Co 10.12). Se o seu casamento for tudo o que deve ser, pessoa alguma sobre a terra poderá tentá-lo. Assim como derrotamos os germes ao manter uma boa saúde, é mantendo um casamento saudável que lidamos com esse tipo de tentação. Se você se flagrar com pensamentos devassos em relação a qualquer outra pessoa, corra para casa e comece a reparar nos danos que com certeza já foram feitos ali. Pode ser que o cônjuge nunca tenha dito palavra, contudo existem sinais claros que alguém que ama não poderá jamais ignorar.

Quando estiverem em público, sem ser muito expansivo, preste atenção àquela pessoa com quem escolheu passar o resto de sua vida. Demonstrem o quanto amam um ao outro. Pessoas insinuantes raramente se aproximam, a menos que sintam haver alguma chance de sucesso. Deixe evidente que não há a menor chance, que vocês se amam e que pretendem ser fiéis um ao outro e ao Senhor.

Cuidado com aquelas pessoas que estão sempre precisando de conselhos ao final de cada culto. Sugira que seu cônjuge se junte a vocês para as reuniões de aconselhamento, e, se a pessoa não aceitar, você terá descoberto a verdade. Aliás, seu cônjuge poderá perceber o perigo antes de você. Não é sábio, estando sozinho, aconselhar alguém do sexo oposto. Sempre que possível, seu gabinete deverá ser próximo ao de um assistente ou de uma secretária. Se precisar ir à casa da pessoa, leve seu cônjuge com você. Se ela insistir em privacidade absoluta, encontrem-se em um lugar onde possam ser vistos, ainda que ninguém possa ouvir a conversa.

Não permita que os fiéis da igreja formem um fã-clube. Será difícil ter um ministério espiritual entre pessoas que vêem você como namorado, marido, namorada ou esposa reserva. Ao aceitar o aplauso, você não estará fazendo bem algum a eles, e eles estarão lhe fazendo um grande mal. Em 1 Timóteo 5.1-3, Paulo diz que devemos tratar os membros da igreja como os de nossa própria família. Esse é um ótimo conselho.

Para comprometer seu testemunho e ministério, os pastores não precisam chegar a cometer atos de imoralidade. Suspeitas e fofocas podem conseguir o mesmo. "Conserva-te a ti mesmo puro" (1 Tm 5.22). Certo pastor alertou seu simpático assistente contra mulheres sedutoras e ele respondeu: "Estamos seguros na multidão". "Sim", respondeu o pastor, "mas o mais seguro é dar no pé!" José teria concordado com esse conselho.

Repetindo: se o seu casamento for tudo o que devia ser e você estiver na presença de Deus, haverá poucos problemas nesse sentido. Uma mente casta ajuda a manter uma vida casta. Ao início de cada dia, consagre seu corpo a Deus como um sacrifício vivo e renove sua mente pela leitura da Palavra (Rm 12.1,2). Ore e vigie, "porque maior é o que está em vós do que o que está no mundo" (1 Jo 4.4).

Capítulo Dezessete

QUESTÕES PESSOAIS

Como posso programar meu tempo, de forma a realizar cada vez mais a cada dia?

Programar não é a palavra correta, mas *priorizar*. Programar seria separar quantidades específicas de tempo para cada tarefa; priorizar significa organizar suas tarefas por ordem de importância e usar seu tempo no que for mais importante. Suponha que você projete trinta horas por semana para estudar, mas acabe estudando apenas vinte. E então?

De modo geral, as prioridades de um pastor são: (1) Deus, (2) o lar, (3) a pregação semanal, (4) o trabalho pastoral, (5) a administração e (6) demais atividades. Um dia eficiente começa com algum tempo de contemplação antes das tarefas diárias. A menos que você comece o dia com a Palavra e em oração, consagrando seu trabalho e a si mesmo a Deus, seu tempo não irá render. Jesus levantava-se de manhã cedo para orar (Mc 1.35; Is 50.4,5) e certamente não podemos fazer menos que isso. John Henry Jowett[1] dizia que precisava estar em sua mesa antes de ouvir os passos dos trabalhadores na rua, pois como poderia um servo de Deus estar na cama enquanto o rebanho já trabalhava?

Use suas manhãs para estudar e comece seus estudos sempre no mesmo horário. Não anuncie publicamente que deseja ser deixado em paz, a menos que seu relacionamento com o rebanho o permita. O raciocínio do rebanho (certo ou errado) é: "Nós pagamos seu salário, logo ele deveria estar disponível". Leva tempo, mas, aos poucos, eduque os membros a não telefonarem ou passarem para conversar ("Eu estava passando...") enquanto você estiver lhes preparando refeições espirituais. Uma palavra ao ouvido de seus melhores líderes podem ajudar a espalhar a notícia.

Dedique suas tardes à visitação, correspondência, telefonemas e administração da igreja. Faça todas as ligações de uma vez e logo acabarão. Ao ler suas cartas, anote as respostas nas margens e não terá de voltar a lê-las ao responder. Tente marcar compromissos de aconselhamento espiritual para o período da tarde. Sem dúvida, suas noites ficarão para reuniões do conselho, visitas especiais e todos aqueles importantes momentos com sua família.

Aprenda a dizer "não" para a maioria dos convites externos, principalmente durante um ou dois anos após sua chegada à igreja. Os pastores precisam ministrar a pessoas que não pertencem ao seu rebanho, mas não em detrimento de seus próprios ministérios. Acrescente novas responsabilidades e ministérios gradualmente e jamais assuma um novo até se sentir à vontade com os que já exerce. São muitos os que querem pôr fogo no mundo em seu primeiro mês. Começam publicando um jornal, então passam a um programa diário de rádio e se sentem obrigados a falar em todos os eventos da cidade. Seus galhos alcançam longe, mas as raízes não vão tão fundo, e, com o tempo, a árvore cai. Não há nada de errado com publicações religiosas, programas de rádio ou palestras externas, mas estas coisas devem vir no tempo certo.

Leve sempre consigo um pequeno caderno ou um PDA[2] e use-o. Não confie na memória e não faça anotações em pequenos pedaços de papel que possam ser perdidos com facilidade. Leve consigo o que for necessário para acompanhar seus compromissos, tarefas a serem realizadas, despesas e anotações especiais. Mas é preciso usar! Prepare a agenda do dia, da semana e do mês. Todas as noites, verifique as atividades realizadas e faça uma lista para o dia seguinte. Tudo isso parece muito básico, porém funciona. "Você planeja seu trabalho e trabalha seu planejamento." Essa mesma estratégia serve a diretores de indústrias, homens e mulheres que são conhecidos por sua eficiência.

Ao menos uma vez por ano, faça uma lista de tudo que está fazendo e verifique quantas dessas tarefas podem ser passadas para outras pessoas. Isso se chama delegar. Não há motivos para o pastor operar a copiadora, dobrar os boletins, colar os selos ou consertar os hinários. Encontre pessoas, na igreja, que possam fazer isso. Afinal, o trabalho do pastor é auxiliar os membros a realizarem "a obra do ministério" (Ef 4.12).

Haverá dias em que sua programação cairá por terra, porém você não precisa cair com ela. Confie em Deus para ajudá-lo a realizar seu trabalho. Concentre-se no que é prioritário. Sua igreja crescerá ou cairá conforme a eficácia de seu ministério no púlpito e de seu trabalho pastoral.

Tenha um dia de folga por semana e tire as férias que lhe forem destinadas. "Mas o Diabo não tira um único dia de folga!?", alguém poderá dizer. É verdade, mas o Diabo não possui um corpo físico e dificilmente poderíamos considerá-lo um exemplo a ser seguido no ministério. Jesus sabia que seus discípulos precisavam descansar (Mc 6.30-32) e sabe que o mesmo se aplica a nós. Escolha o dia da semana que for melhor para você e para a programação da igreja. Nem sempre segunda-feira é o melhor dia, pois muitas vezes você toma ciência, no domingo, de problemas que precisam ser logo resolvidos e lá se vai seu dia de folga. Quinta-feira é um bom dia para uma folga, principalmente após a realização de um culto de meio de semana. Aos sábados, tente não acumular tarefas em excesso. Muitos grandes pregadores do passado evitavam sair na noite desse dia, preparando sua própria alma para o culto de domingo e orando pelo rebanho.

Nunca desperdice aqueles minutos extras que surgirem. Se estiver a caminho da barbearia ou do médico, leve um livro com você e evite perder tempo lendo revistas velhas. Como já dissemos no capítulo 6, antes e depois das refeições, você deve separar alguns momentos para relaxar e pode usar parte desse tempo para ler. Cuidado para não ignorar sua família, principalmente sua esposa, que deve ter muitas coisas para lhe falar. À noite também é um bom momento para passar os olhos nos periódicos que chegam ao seu escritório, marcar itens que deseja arquivar, etc.

Durante o dia, caso se sinta tenso e nervoso, pare para orar e depositar tudo aos pés do Senhor. O Espírito Santo é infinitamente eficaz e apenas Ele pode organizar com perfeição a sua vida. Quando confiamos em nossa própria força e sabedoria, conseguimos apenas perder tempo. "Seja a paz de Cristo o árbitro em vosso coração" (Cl 3.15, ARA).

Quando somos interrompidos, a maioria de nós se ressente, mas isso pode vez por outra ser uma oportunidade para ministrar. Considere um intervalo entre suas tarefas, e essas interrupções não serão tão perturbadoras assim. Muitas vezes, elas passam a fazer parte do ministério.

Como posso priorizar a salvação de almas e comunicar esse sentimento ao meu rebanho?

A exemplo do que acontece com as visitas, a evangelização é algo que deve ser aprendido na prática. Se esse desejo estiver ardendo na alma do pastor, será demonstrado em cada aspecto do ministério: pregação, ensino, administração, aconselhamento, casamentos, funerais. Evangelização não é algo que, como um rádio, possamos ligar e desligar. Quando procuramos glorificar a Cristo, isso se torna a principal preocupação de nossas vidas.

É fazendo o nosso trabalho que alimentamos esse desejo dentro de nós. Quanto mais partilhamos a Palavra de Deus com os outros, mais esse fogo arde em nosso interior. Quando sentimos o coração esfriar, devemos orar para que seja cheio do Espírito e sair para falar sobre Jesus. Precisamos pedir ao Pai que compreendamos o que significa uma alma estar perdida e sem esperança. (Jonas teve essa experiência — Jonas 4.) Se estivermos dia a dia em comunhão com Cristo, nosso coração permanecerá aquecido e compassivo, e desejaremos partilhá-lo com outras pessoas.

Leia livros sobre evangelização e biografias de grandes evangelistas. Não é possível ler sobre as vidas de D. L. Moody, Billy Sunday ou Gipsy Smith sem ficar comovido. Isso não significa vivermos das experiências dos outros, mas nos inspirarmos em suas vidas. Ganhadores de almas que hoje estão no céu podem nos incentivar a fazer boas obras!

Faça uma lista das pessoas perdidas que conhece e use-a para orar regularmente. Quando se reunir para orar com sua equipe, compartilhe os nomes dos que não são convertidos. À medida que aquelas pessoas forem se convertendo, uma alegria indizível invadirá você e toda a equipe. Nada alimenta mais a chama do ardor que ver pessoas se achegando ao Salvador.

O que fazer ao enfrentar um daqueles dias desalentadores no ministério?

O primeiro passo para superar o desânimo é perceber que momentos assim acontecem a todos nós. Apesar do que dizem todos os livros sobre "uma vida mais profunda", você terá dias repletos de desânimo e depressão. Moisés os teve, assim como Elias, Davi e Paulo. (Você tem lido 2 Coríntios 1 ultimamente?) Não imagine que perdeu seu chamado ou pecou e afastou as bênçãos de Deus apenas por causa de um dia difícil.

Quando ele surgir, enfrente-o com honestidade. Acima de tudo, evite decisões importantes. Muitos servos fiéis prejudicaram seu ministério quando, de forma tola, renunciaram à vontade de Deus em suas vidas, meramente por causa de um dia ruim em que se sentiam fracassados. Converse sobre seus sentimentos com um amigo mais íntimo e ore pela graça de Deus. Passe algum tempo com sua esposa e filhos. Saia para tomar um ar. Às vezes, o aspecto físico é a causa principal: basta um pouco de ar fresco, exercícios e uma mudança de ritmo. (Lembra-se de Elias? Tudo de que ele precisava era dormir um pouco!) Quando se sentir prestes a ter um desses dias, mude seus planos.

Seja paciente com você e com o Senhor. "Tudo passará." É surpreendente o quanto a situação parecerá diferente em vinte e quatro horas. Cuidado com a autopiedade: é um veneno que mata a alegria do ministério. Tenha cuidado para não se tornar crítico em relação ao rebanho. Em meio à escuridão, tudo parece fora de proporção, logo, espere pelo raiar do sol. Quando Deus o ilumina, você percebe que a maioria das coisas que temia eram apenas sombras.

Em muitos casos, entregar-se a Deus e sair para ministrar a Palavra a alguém será o suficiente para apressar sua recuperação. Não há terapia mais potente que consolar outro filho de Deus. Ficar em casa de cara fechada ou ir ao escritório lamber suas feridas só fará piorar. Levante-se e faça algo produtivo. Em pouco tempo, a velha fé e alegria voltarão.

Pastores que sofrem de desânimo crônico, chegando até ao desespero, devem procurar ajuda profissional.

Com que freqüência devo ministrar fora da minha região?

Nos primeiros um ou dois anos, fique perto de sua igreja. É preciso estar sempre presente no púlpito, alimentando o rebanho e dando-lhes a oportunidade de conhecer bem o novo pastor. Após esse período, você já pode pensar em um ministério mais amplo, mas deixe que o Senhor abra as portas.

Se for sensato em seu planejamento e puser sua igreja em primeiro lugar, seu rebanho permitirá que prepare sua própria agenda e não reclamará. Se ficar longe muito tempo, acabará prejudicando a si mesmo e a igreja. Se notar em si mesmo um desejo de partir, talvez seja o momento de considerar uma mudança. Um pai espiritual ama os filhos que tem no Senhor e deseja ficar junto a eles. A ovelha precisa de um pastor fiel, não de um "canguru" que fica pulando para dentro e para fora do pasto. Enquanto estiver em sua região, se ministrar ao povo com dedicação, eles certamente não se oporão a oportunidades ministeriais em outros lugares. Na verdade, ficarão até orgulhosos por outras pessoas desejarem ouvir seu pastor.

É claro que o rebanho precisa aprender que, quando o pastor abraça um ministério mais amplo, isso é bom tanto para ele como para a igreja. Algumas vezes, o pastor é beneficiado ao mudar de ares e de ritmo, sendo também uma bênção para outros irmãos. Nossa experiência nos ensinou que ministérios mais abrangentes são mais árduos que ficar em casa, mas sempre voltamos para a igreja local, ansiosos para ministrarmos aos nossos e com algo novo que aprendemos enquanto estávamos fora. É bom para a congregação que o pastor viaje ocasionalmente. Pode ouvir outros pregadores e é abençoada ao partilhar seu pastor com outras pessoas. Afinal de contas, o pastor é uma dádiva para toda a igreja, bem como para a igreja local (Ef 4.8-15).

Com exceção das férias anuais e em outras ocasiões especiais, o pastor não deve se afastar por dois domingos seguidos. Sentir-se um estranho em seu próprio púlpito significa que você vem se afastando com demasiada freqüência. Se perceber as ovelhas impacientes, o melhor é ficar por perto. Algumas igrejas estabelecem um número predeterminado de semanas que o pastor pode utilizar para encontros externos. Se esse for seu caso, obedeça ao regulamento e não reclame. Se for da vontade de Deus que você desenvolva um ministério mais amplo, ele providenciará uma oportunidade para que se façam as mudanças necessárias. Tão somente, certifique-se de que, ao ir pregar em outro lugar, seu objetivo é ser uma bênção e não escapar de problemas em sua própria igreja.

Por fim, fique sempre atento ao calendário e nunca se afaste em épocas importantes. Sua igreja é a base de seu ministério, não o âmbito em que ele atua. Portanto, evite minar sua base. Se o fizer, poderá descobrir que não possui ministério algum.

Fico constrangido em perguntar isso, mas como você faz para conversar com a igreja sobre um aumento? É por demais mundano discutir assuntos financeiros?

Não é preciso ficar envergonhado! A forma como uma igreja cuida de seu dinheiro, funcionários e missionários é um assunto bastante espiritual. A maioria das igrejas tem a política de revisar os salários anualmente. O pastor deve ter um aumento que pelo menos cubra as alterações no custo de vida, e, se o trabalho da igreja tiver prosperado, um aumento por mérito (1 Tm 5.17,18). Antes de aceitar um convite, discuta o assunto com o conselho e descubra qual é a política vigente. Tanto para o bem da igreja como por causa de sua família, você deve ser claro e direto sem parecer ser ávido por dinheiro.

O que você nunca pode fazer é trazer suas finanças pessoais para o púlpito ou pronunciar indiretas na igreja. Sua esposa deve tomar o cuidado de não discutir assuntos financeiros com os membros. Fale com Deus sobre suas necessidades e seja paciente. Se a igreja for insensível a elas, Deus as suprirá de alguma outra forma, mas é a igreja que sairá perdendo. Lamentavelmente, algumas regateiam ao convidar um pastor e depois ficam imaginando por que Deus parece não abençoá-las. A igreja que cuida de seu pastor descobrirá que é Deus quem cuida da igreja.

Em todas as igrejas, há sempre a necessidade de orientações a respeito da mordomia. Se você pregar com fidelidade a Palavra, em algum momento terá de lidar com a visão bíblica a respeito da riqueza e da oferta, então não evite a questão. Segundo o que Deus nos ordena, devemos dizer às pessoas o que Ele espera que façam com os bens que Ele lhes concedeu (1 Tm 6.17-19).

Se deseja ficar rico, o ministério não é o lugar certo. Pela nossa experiência, podemos afirmar que Deus supre todas as necessidades e nos dá muito mais do que aquilo que merecemos. Qualquer sacrifício que façamos é mais do que compensado por nosso gracioso Pai. Não fique pensando em dinheiro. Mateus 6.33 deve ser nossa linha mestra.

Como posso tornar minha vida devocional mais intensa?

Pastores lidam com os tesouros da Palavra todos os dias, e, se não tomarem cuidado, correm o risco de banalizar o que têm nas mãos. Se você faz quatro ou cinco visitas por dia e ora em cada lar ou quarto de hospital, pode de repente perceber que está orando de modo um tanto rotineiro. Mesmo o estudo diário da Palavra pode virar uma rotina. Phillips Brooks, em *Lectures on Preaching*, afirma com correção: "Familiaridade não gera desprezo, a não ser com coisas ou pessoas desprezíveis". O problema não é com a Palavra ou a oração, mas com o coração do próprio ministro.

Nossos momentos de oração e meditação na Palavra não devem ser interrompidos. Inicie cada dia se reunindo com Deus, porém, uma vez que comece a controlar o tempo desse encontro, começará a abafar o fogo que arde em você. Por mais que estejamos ocupados, não devemos permitir jamais que nossa meditação matinal seja negligenciada ou se torne uma rotina a ser vencida de maneira bem rápida.

Muitos pastores gostam de utilizar traduções diferentes para sua leitura bíblica devocional, procurando sempre ouvir a voz do Senhor. Podemos nos acostumar de tal modo à nossa versão favorita, que ela deixa de falar à nossa alma. Uma edição com margem espessa é de grande auxílio, pois você pode fazer suas anotações conforme Deus lhe falar ao coração, mas tome cuidado para que seus momentos de contemplação não sejam utilizados na preparação da mensagem. Naquela ocasião, nosso objetivo é encontrar Deus e ouvi-lo falar ao nosso ser — sobre as *nossas* necessidades — e, se Ele alcançar nossas carências, com certeza operará através de nós para alcançar as necessidades do rebanho. Se você já tentou inspirar uma vez e expirar duas vezes, sabe que não se pode dar o que não se tem.

Use um caderno para registrar sua busca devocional diária e anote as verdades que Deus lhe revelar durante a meditação. Mantenha as intercessões de cada dia da semana em páginas separadas, com uma página para aqueles motivos pelos quais oramos diariamente. Se orarmos pelas mesmas coisas todos os dias, nossa oração pode se tornar mecânica. Deixe que o Espírito o guie, não a página de seu caderno.

Se ministrarmos ao rebanho como devemos, nosso coração sentirá o peso da responsabilidade e, a todo o momento, nos incomodará para que oremos por ele. Sempre que precisamos, Deus nos faz passar pelo fogo! Quanto mais você se familiarizar com as necessidades das pessoas, menos capaz se sentirá e mais precisará buscar a ajuda de Deus. Paulo pergunta: "E, para essas coisas, quem é idôneo?", ao que ele mesmo responde: "nossa capacidade vem de Deus" (2 Co 2.16; 3.5).

Leia os grandes clássicos devocionais, porém não deixe que substituam a Bíblia. Ler um sermão publicado uma vez ou outra, apenas para alimentar sua própria alma, é um excelente exercício espiritual. Lembre-se de que um pastor nem sempre consegue ouvir outros pregadores, e nossa própria alma pode estar faminta por um sermão. Não leia sempre sermões dos mesmos pregadores, por mais que goste deles. Varie em sua dieta espiritual.

Encontrar-se regularmente com um colega pastor a fim de orarem juntos é uma prática saudável. Feliz é o pastor que tem um amigo que ora. Sejam honestos um com o outro, pois isso fará bem a ambos.

Nossa vida espiritual começa a se deteriorar quando começamos a orar sem sentimento, a pregar o que não praticamos e a esperar dos outros aquilo que nós mesmos não fazemos. É importante que avaliemos nosso próprio coração a fim de detectarmos quaisquer sinais de desgaste. Devemos aplicar a Palavra à nossa própria vida antes de ousarmos aplicá-la à vida dos outros.

Quando o cansaço da batalha aparecer, você sem dúvida encontrará certas partes da Bíblia e alguns livros devocionais que tocarão com exatidão na ferida. Afaste-se de casa e da igreja por uma ou duas horas e deixe que Deus limpe as cinzas do altar da sua alma.

Não é possível separar a vida interior da vida exterior. Uma das melhores formas de atiçar a chama da devoção é sair e ministrar a alguém que esteja necessitado. "Dai, e ser-vos-á dado" (Lc 6.38). Uma vida devocional egoísta não tem Cristo como seu foco principal. Recebemos a água da vida para partilharmos a bênção com os outros (Jo 7.37-39).

Onde posso levar meus problemas e encontrar ajuda e consolo? Oro bastante e, em casa, tenho como conversar sobre o que me aflige, mas gostaria de poder "descarregar" meu fardo nos ouvidos de algum pastor mais experiente.

A solidão da liderança é uma das coisas mais difíceis de suportar. Basta ler algumas biografias e verá o quanto isso é verdadeiro.

Em Salmos 23.1 temos a seguinte declaração: "O Senhor é o meu pastor". Cremos que Deus quer apascentar seus servos e que Ele é capaz de nos fazer sobreviver às dificuldades da vida. Certamente, há uma graça especial para o pastor que prega a Palavra e apascenta o rebanho. O Senhor não nos abandonará!

Ainda assim, é muito bom termos com quem partilhar nossas aflições — é aqui que entra um pastor mais velho e experiente. Feliz é o jovem pregador que tem um amigo, pastor e maduro, que possa ouvir com paciência os problemas de seu ministério! Normalmente, sempre temos em nossa região ministros fiéis e experientes, cujos corações e portas estão sempre abertos para servos mais jovens. Até mesmo uma conversa telefônica pode ajudar a aliviar o fardo.

Algumas vezes, você encontrará na igreja um casal piedoso, cujo coração se unirá ao seu e com quem poderá se abrir. Não é sábio abrir seu coração a todos na igreja, mas um jovem pastor pode partilhar suas aflições com algum casal maduro (ou talvez um presbítero mais velho) sem se preocupar com as conseqüências.

Acima de tudo, tome cuidado com a auto-piedade — é o primeiro passo para a ruína no ministério, pois ela alimenta nosso orgulho. A solidão e a auto-piedade em geral viajam juntas. Se a sentir invadindo seu coração, saia e faça algo para alguém ou pratique algum exercício: saia para uma caminhada ou vá passear no shopping, mas faça alguma coisa! Segundo nossa experiência, o desânimo pode ser às vezes um sintoma de fraqueza física, e o melhor que poderá fazer é tirar uma soneca.

O Senhor pode nos levar a renunciar mesmo sem termos para onde ir?

Não é comum, mas pode acontecer. Na Bíblia, encontramos pouquíssimas pessoas paradas e aguardando as orientações de Deus. Geralmente, uma tarefa nos prepara para a próxima. Aliás, estar sem uma igreja pode ser um grande empecilho para convites de outras igrejas. A maioria dos conselhos procura pastores que estejam ativos e dando frutos.

Temos visto que Deus começa a tocar o coração muito antes de mover o corpo. Se você está caminhando com o Senhor, Ele o direcionará, e as ações de Deus são sempre precisas. Muitos pastores se demitem precipitadamente e se arrependem ao enfrentar o ócio. Na maioria das vezes, com apenas mais alguns meses, a maré teria mudado e o trabalho teria prosperado. V. Raymond Edman, presidente durante muitos anos do *Wheaton College*, com freqüência lembrava a seus estudantes: "Sempre é cedo demais para pedir demissão".

Ao examinarmos a vida de líderes bíblicos ou históricos da igreja, verificamos que Deus opera com paciência e conforme um plano definido. Ele raramente deixa um servo fiel esperando sem rumo, a menos que haja uma lição a ser aprendida de fato dessa forma.

A diferença entre o bom pastor e o mercenário é que este foge quando as coisas ficam difíceis (Jo 10.1-14). Um pastor fiel jamais abandona o ministério, mas parte para outro ministério porque o Senhor o chamou. Eis a diferença.

Observações:

____

____

____

Considerações:

____

____

____

Providências:

____

____

____

Notas

[1] The Preacher: His Life and Work, *Hodderah and Stoughton, Londres, p. 116.*

[2] *PDA: Personal Digital Assistant. Computador pessoal de mão. (N. do T.)*

Capítulo Dezoito

O PASTOR E SUAS PRIORIDADES

Quais são as prioridades básicas do ministério cristão?

Já mencionamos isso antes, mas não fará mal repetir e talvez aprofundar a questão. Sugerimos que suas prioridades sejam organizadas da seguinte maneira:

1. Sua vida devocional. O sucesso de tudo o que você faz depende da sua fidelidade nessa questão. "Sem mim nada podereis fazer" (Jo 15.5).
2. A fé da sua família. Seu ministério começa em casa. Uma outra pessoa pode apascentar a igreja, mas apenas você pode assumir o papel de marido e pai.
3. O desejo de evangelizar. Mantenha o fogo aceso, caso contrário seu ministério se tornará frio e intelectual.
4. Estudo. Não se contente com sermões de segunda mão. Faça sua parte e procure por tesouros espirituais. Reserve o período da manhã e invista-o num estudo de qualidade.
5. Pregação. A história atesta que o nível espiritual das igrejas sobe ou desce conforme a pregação da Palavra. Não permita que os afazeres do dia-a-dia lhe roubem o tempo necessário à preparação da mensagem. Aprenda a dizer "não" e controle sua agenda.
6. Ministério pastoral. Esse contato pessoal com o rebanho ajudará a equilibrar o trabalho. Para que a Palavra alcance o íntimo de cada ovelha, o pregador precisa ser um pastor. Você obterá ajuda daque-

les a quem ajudar. Aprendemos quando recebemos, mas crescemos quando damos.

7. A administração diária da igreja. Visto que o pastor é um líder, isso também é trabalho pastoral, logo não o ignore ou menospreze. Por outro lado, evite se envolver nos inúmeros detalhes do ministério da igreja. O ministro que se ocupa de detalhezinhos acaba pregando sermõezinhos e formando cristãozinhos. É preciso tempo para sermos santos e ajudarmos os outros a crescerem em santidade.

Não enxergamos prioridades como degraus de uma escada, porém como raios de uma roda. O eixo da roda é sua caminhada com Deus: todo o resto começa a partir daí. Paulo realizou muitas coisas, entretanto tudo que fazia era orientado pelo contundente "mas uma coisa faço" (Fp 3.13).

Como podemos medir o sucesso no ministério?

É curioso que, ao longo da história, muitos pastores bem-sucedidos acreditavam ser um fracasso. Isso talvez se deva ao fato de que um ministro em crescimento não está nunca satisfeito, querendo sempre ver o Senhor fazer mais. Deus raramente permite que seus servos contemplem todo o bem que realizam.

Se o pastor crescer em sua vida pessoal, a igreja também crescerá. Se a vida estiver monótona e enfadonha, cuidado! Se não houver entusiasmo no estudo da Palavra e na preparação das mensagens, se o trabalho pastoral estiver maçante, se você chega ao gabinete tarde e vai embora cedo, comportando-se de forma defensiva, há uma situação de desgaste espiritual que fará com que você e a igreja sofram. Se o trabalho é um eterno desafio e você está sempre ávido para ministrar a Palavra em público e de casa em casa, é provável que Deus esteja abençoando, e o trabalho crescendo.

Há na Bíblia um livro chamado Números, mas números isolados não significam nada. Onde há vida, há crescimento. Charles Spurgeon costumava dizer que as únicas pessoas que reprovavam estatísticas eram aquelas que nada tinham para apresentar. Ele talvez estivesse certo. O Espírito Santo contou a multidão no livro de Atos, porém todos eram fruto do ministério de homens e mulheres dedicados. Queremos que nossas igrejas cresçam, não para podermos contar pessoas, mas porque pessoas contam. Algumas vezes o crescimento é constante e lento; outras vezes, Deus dá uma farta colheita. De qualquer forma, o crescimento numérico é um indicador de que o Senhor está agindo, desde que não se deva a artifícios carnais criados pelo homem.

O crescimento das ofertas também é um teste de sucesso espiritual. Se as ovelhas forem alimentadas, certamente ofertarão. Quando estão famintas, começam a "morder umas às outras". Quando o ministério está sendo abençoado por Deus, há uma atmosfera de amor, confiança e assistência na igreja. Em sua grande maioria, as pessoas amarão umas às outras e procurarão ministrar umas às outras. Sempre haverá problemas a serem resolvidos e batalhas a serem travadas, pois a igreja é formada por pessoas, mas essas tribulações não se tornarão crises. A capacidade de uma igreja em enfrentar e resolver problemas é uma indicação de crescimento espiritual. Além disso, o aparecimento de novos problemas indica que a igreja está em movimento. Nunca tenha receio de diferenças de opinião dentro da igreja, pois, onde há agitação, com certeza há atrito. A falta de atrito pode indicar que a igreja não está em movimento.

Se você estabeleceu metas específicas para seu ministério, alcançá-las será uma indicação de progresso. O pastor que, semana após semana, se deixa levar pelas circunstâncias, estará sempre desanimado, pois não sabe para onde está indo. "Quando o piloto não sabe a que porto está rumando, nenhum vento é favorável."

Em 2 Coríntios 10.3-7, somos alertados contra o tipo errado de auto-avaliação. Não é difícil uma igreja se transformar em um grupo onde todos admiram e aprovam uns aos outros. A verdadeira avaliação de um ministério não se faz em relação a uma outra igreja (que pode ser menor), mas ao se comparar o que é feito com o potencial da própria igreja. Se ela pode ter mil pessoas na Escola Dominical e contenta-se com duzentas, está falhando.

Nunca se esqueça de que as igrejas atravessam estágios de crescimento, não muito diferentes do que acontece ao corpo humano. Os primeiros tempos são uma época extremamente empolgante, a exemplo do que acontece com o nascimento de um bebê. Então, tudo se acalma e começa a infância da igreja, quando ela precisa ser treinada e ensinada. Na adolescência, o rebanho parece criar problemas. Ao chegar à maturidade espiritual, pare por aí. Assegure-se de que ela esteja sempre ganhando almas, a fim de que o corpo receba um fluxo contínuo de novas vidas. Se ela chegar à velhice espiritual, você terá sérios problemas, e o próximo passo será uma "segunda infância" (Hb 5.12)! Somente um pastor sábio percebe o momento e a época, pregando e planejando de acordo.

Como já dissemos, o Senhor raras vezes deixa seus servos perceberem o bem que fazem. Quando você se sentir mais desanimado, o Pai provavelmente o estará usando de uma forma magnífica. Seja fiel (1 Co 4.2) e Deus cuidará do resto. Os soldados nas trincheiras não vêem o progresso da batalha, mas o general sabe o que está fazendo. Realize sua parte com dedicação e deixe os resultados para o Senhor.

Leia 1 Coríntios 3 e observe as três ilustrações da igreja: uma família (vv. 1-4), o campo (vv. 5-9) e o templo (10.22). O objetivo da família é atingir a maturidade; o do campo é produzir quantidade; e o propósito do templo, alcançar qualidade. Quando você puder ver as pessoas amadurecendo e se tornando cada vez mais semelhantes a Jesus, a família está sendo bem-sucedida. Se estiverem trabalhando e tendo uma boa colheita, a igreja está sendo bem-sucedida. Se você e seus líderes usam a Palavra e a sabedoria de Deus com cuidado na sua edificação, você está sendo bem-sucedido. Não compare seu ministério ao de algum pastor famoso, nem sua igreja à dele, pois cada situação é singular e não existem duas iguais. A ordem "operai a vossa salvação com temor e tremor" (Fp 2.12) está no plural: Paulo estava se dirigindo a toda a congregação. Deus formou um plano específico para cada igreja e cabe-nos o privilégio de descobri-lo e segui-lo.

Capítulo Dezenove

O MINISTÉRIO DA ESPOSA DO PASTOR

Observação: Por compreendermos que existem ministérios cristãos encabeçados tanto por homens como por mulheres, tentamos, na medida do possível, evitar referências ao sexo das pessoas nos capítulos anteriores. Ainda assim, sentimos que a esposa do pastor passa por situações e problemas específicos, que merecem atenção especial. A maior parte do material deste capítulo foi composto por *Lucile Sugden* e *Betty Wiersbe.*

QUAL A IMPORTÂNCIA DA ESPOSA DO PASTOR NO TRABALHO DO MINISTÉRIO?

Ela é muito importante! Sua postura ajuda a definir os rumos do lar, o que afeta o marido, a família e, conseqüentemente, o ministério na igreja. Se sua esposa for uma administradora do lar competente (cuidando da parte financeira, pagando as contas, etc.), isso lhe dará mais tempo para o ministério. Feliz é o pastor cuja esposa sabe como supervisionar as atividades da família. Embora não seja sua assistente — e se o for, com certeza não é remunerada! — seu amor por Cristo e pelo rebanho terá grande impacto sobre a congregação. Caso ela não seja um bom exemplo de crente, esposa ou mãe, haverá conseqüências que, sem dúvida, atingirão o ministério. Quer goste quer não, ela é a “primeira dama” da igreja, e as outras mulheres irão admirá-la ou criticá-la, ou ambas as coisas. Ela vive em uma casa de vidro e isso não é fácil, mas trata-se de uma grande oportunidade de influenciar outras pessoas para o Senhor.

A esposa do pastor precisa ter um chamado especial para o ministério?

Com certeza há uma grande vantagem de ela saber que foi chamada para servir a Deus e que ela e o marido são ambos obreiros. As exigências do ministério não são poucas e é de grande auxílio que a esposa do ministro acredite estar exatamente onde Deus a quer. Isso significa estar juntos, orar juntos, trabalhar juntos, sofrer juntos e acreditar juntos. Se ela se decidir por seguir em outra direção ou se seus interesses estiverem divididos, serão inevitáveis problemas tanto no lar como na igreja.

A confiança no chamado do Senhor contribui para o casal se unir e servir em conjunto. Sim, ela terá de fazer sacrifícios (cronogramas interrompidos, reuniões no fim do dia, emergências tarde da noite), mas tudo isso faz parte do chamado. O mesmo vale para as diversas ocasiões em que ela precisará ser uma competente anfitriã. Lamentamos pelo ministro cuja esposa possui agenda própria e usa expressões como “seu trabalho” e “meu trabalho”.

Qual é o ministério mais importante da esposa do pastor?

Ser uma mulher piedosa e usar seus dons e habilidades no serviço do Senhor; primeiro no lar e então na igreja. Marido e mulher devem trabalhar juntos a fim de que, para a glória de Deus, o lar seja um local de descanso e alegria. Não obstante a vocação da pessoa, edificar um lar cristão sólido exige trabalho duro, sacrifício, oração e paciência, mas, quando se está no ministério, surgem alguns desafios especiais. Durante as entrevistas de admissão, o marido deve deixar claro para o conselho que sua esposa servirá lealmente ao seu lado, mas que a igreja não a está contratando como uma assistente sem remuneração. Se o lar tiver crianças pequenas, elas, sem dúvida, precisam dos cuidados da mãe. Você deve proteger e defender sua esposa, livrando-a daqueles que gostariam de controlar sua vida.

Como posso ajudar minha esposa a cumprir suas responsabilidades?

Orando sempre por ela e sendo sensível às suas necessidades. Você e sua esposa devem orar juntos diariamente, no início e no fim do dia, além de seus momentos particulares de busca devocional. Não se esqueça de que também é preciso orar com seus filhos. Você deve se manter informado sobre os compromissos que ela tem ao longo do dia e tentar ajudar onde for possível. Jamais deixe de mantê-la informada sobre a sua agenda e certifique-se de avisar sempre que houver mudanças, principalmente quando isso afetar as refeições ou as atividades com as crianças. Quando receber um chamado de emergência, avise-a por telefone, a fim de que ela se prepare para possíveis atrasos que possam afetar os planos da família.

Providencie para que sua esposa tenha algum tempo de folga dos afazeres domésticos, ainda que seja passeando pelo shopping ou almoçando com uma amiga. Se houver filhos pequenos, traga eventualmente seus livros de estudo para casa, libere sua esposa e não se sinta culpado por isso! Lembre-se de que o melhor que pode fazer pela igreja é ter um lar cristão feliz. Se sua esposa tiver um hobby, — e ela deve ter, pelo menos para "reduzir a marcha" de vez em quando — tente participar e incentivar.

Como minha esposa deve lidar com as críticas sobre mim e ela mesma?

Por mais que uma crítica honesta nos ajude, críticas ofensivas de fato magoam e não são algo fácil de se lidar. Pessoas que exercem algum ministério precisam saber conviver com isso, pois faz parte do trabalho. Quando não gostam do pregador, tecem críticas contra sua esposa e filhos. A maior parte dos comentários pode ser ignorada e até nos faz rir, mas parte delas tem sua origem nas profundezas do inferno (Tg 3.6) e devem ser silenciadas.

Comentários que não o afetam podem magoar sua esposa, portanto não os trate levianamente. Isso só fará com que ela se sinta pior ainda. Leve seus sentimentos a sério, ouça com compaixão e orem juntos. Precisamos aprender a perdoar aqueles que nos usam de forma vingativa e a deixar o assunto nas mãos do Senhor. É preciso tempo para um coração apunhalado sarar, mas o Senhor pode "restaurar os contritos de coração" (Is 61.1).

Após algum tempo na igreja, você saberá identificar os fofoqueiros e maledicentes e será capaz de enfrentá-los de maneira amável. Nunca se desvie de seu trabalho principal: edificar uma casa e uma igreja que honrem a Deus.

É CORRETO QUE A ESPOSA DO PASTOR TRABALHE FORA DE CASA?

Anos atrás, nossa resposta seria um retumbante "Não!" A maioria das igrejas espera que a esposa do pastor se dedique vinte e quatro horas à igreja e ao lar, nessa ordem. Todavia, os tempos mudaram e, com eles, a dinâmica financeira do sustento do lar. A menos que a igreja seja muito generosa, diversos lares de pastores precisam de duas receitas a fim de sustentar as necessidades básicas da vida, mais previdência, educação, transporte e as muitas coisas que famílias normais parecem precisar hoje em dia.

Além disso, se sua esposa possui qualificação profissional — em enfermagem ou magistério, por exemplo — por que deveria desperdiçar sua formação e abandonar sua vocação? Muitas outras esposas na igreja trabalham fora, então por que não a esposa do pastor? Em comunidades menores, ela pode influenciar de modo positivo o mercado de trabalho local e a maioria das pessoas que ela encontrar irão aplaudi-la por seus atos. Em comunidades maiores, ninguém saberá a diferença. A decisão pertence a você e à sua esposa, não a você e ao conselho da igreja. De qualquer forma, discuta o assunto com o comitê de seleção antes de aceitar um convite.

Hoje em dia, a maioria das igrejas é bem mais flexível que no passado quanto a esposas que trabalham fora, mas a sua aprovação não lhe garante as bênçãos de Deus. Você e sua esposa devem pesar bem a questão, orar e se certificar de que estão fazendo a vontade do Senhor. Já vimos mais de um casamento acabar em divórcio porque marido e mulher marcham em ritmos diferentes. Nesses casos, por maior que seja a receita envolvida, simplesmente não vale a pena.

E SE EU E MINHA ESPOSA DISCORDARMOS QUANTO A DECISÕES MINISTERIAIS E O FUTURO DA IGREJA?

Sábio é o pastor que dá ouvidos a sua esposa piedosa! Não raro, há mais sentido na assim chamada intuição feminina, que em algumas teorias que você aprendeu no seminário ou na última conferência a que compareceu. Sua esposa não deve jamais comandar as ações do ministério e deverá ficar ao seu lado ainda que discorde, mas, ao mesmo tempo, você precisa lhe dar o direito de exercer seus dons espirituais e partilhar suas preocupações com você. Se ela tiver uma mentalidade espiritual, orará muito antes de dizer por que discorda de você e ouvirá o que tiver a dizer. Você e ela devem estar unidos nas decisões importantes da vida. Se o Inimigo puder dividi-los, estará a meio caminho de uma vitória sobre seu lar e seu ministério.

Conhecemos uma esposa que discordava publicamente de seu marido nas reuniões da igreja. Ela até podia ter bons conselhos a oferecer, porém faltou-lhe tato quando insistiu em dá-los diante de todos em vez de fazê-lo na intimidade do lar. O ministério não foi muito longe.

QUE MINISTÉRIOS A ESPOSA DO PASTOR DEVE ASSUMIR NA IGREJA?

Seus dons e talentos determinarão isso; as esposas de pastores não são todas iguais. Não cremos que ela deva assumir um cargo eletivo na igreja, exceto talvez na organização das senhoras. Melhor que treine outras mulheres. Ela sempre poderá ajudar e incentivar de fora dos acontecimentos e deixar que outras pessoas levem o crédito.

Se sua esposa possui dons especiais, como para a música ou o ensino, não deixe que ela enterre seus talentos apenas por ter se casado com um pastor. Não deixe que ninguém pense que vocês estão "assumindo o comando da igreja". Se assumirem muitas responsabilidades, o que acontecerá se Deus os levar para outro lugar? Preencher temporariamente algumas brechas já é o bastante. Ademais, não deixe que sua esposa se sacrifique e à sua família porque outros se recusam a trabalhar e preferem assistir.

Se ela tiver o dom para o ensino, deverá usá-lo, mas, ainda que não o faça, incentive sua esposa a ser uma aplicada estudiosa da Bíblia. Isso a ajudará como crente, esposa, mãe e conselheira. Em algumas igrejas, o pastor e sua esposa lecionam juntos em uma classe mista. Às vezes, ensinam em classes para novos-convertidos e recém-casados. Espere no Senhor e Ele achará o lugar certo para ela. Sua esposa poderá servir onde melhor se adaptar, e seu trabalho não precisa criar problemas.

DEVO PARTILHAR COM MINHA ESPOSA INFORMAÇÕES CONFIDENCIAIS SOBRE PESSOAS E PROBLEMAS NA IGREJA?

De modo geral, não. Ambos se protegem de bisbilhoteiros e fofoqueiros quando podem honestamente responder: "Meu esposo [minha esposa] não me disse nada a respeito disso". Com o tempo, os repórteres investigativos desistirão de interrogá-los. É necessário que você e sua esposa orem juntos pelos problemas da igreja. Você poderá até descobrir que o que pensava ser confidencial é, na verdade, algo que, há semanas, seus filhos ouviram na reunião de jovens e contaram à mãe. Você precisa das idéias e da oração de sua esposa, além do que lhe fará bem conversar com ela sobre seus problemas. Muitas vezes, ela pode ajudá-lo a obter uma perspectiva equilibrada da situação, o que certamente ajudará a ministrar às pessoas envolvidas.

Entretanto, também há o outro lado da moeda: quando sua esposa souber de algo confidencial e perceber que você está indo em direção errada, até mesmo com o risco de piorar o problema, o que ela deve fazer? Em situações assim, é preciso que confiem um no outro. Quando ela disser: "Meu querido, eu não faria isso se fosse você", é preciso ouvir e não fazer perguntas. Ela pode querer telefonar a quem lhe confiou um segredo e dizer: "Creio que meu marido deve saber o que você me contou. Você permite que eu fale sobre isso com ele?" Se a resposta for não, ela terá de entregar nas mãos do Senhor e ajudar da melhor forma possível, sem trair a confiança de ninguém.

Quando alguém relatar um problema a você ou à sua esposa, pedindo para que seja mantido em sigilo, ambos devem ter condição de dizer: "Minha esposa [meu marido] e eu conversamos sobre os problemas no ministério. Se, em algum momento futuro, eu sentir que ela [ele] deve saber a respeito disso, tenho sua permissão para contar? Asseguro-lhe que não o farei, a menos que seja absolutamente necessário". A maioria das pessoas dirá: "Tudo bem. Acredito que você fará o que é certo".

A confidência é de grande importância no ministério. Seu rebanho deve confiar na sua palavra, ou não confiará no seu ensino ou pregação. Sempre que você se sentir tentado a falar com alguém sobre algo que lhe foi confiado, fale com o Senhor.

Como posso ajudar minha esposa a ter um ministério feliz, tanto em casa como na igreja?

Da mesma forma que qualquer marido cristão pode fazer sua esposa feliz: cumprindo os votos de casamento e vivendo no Senhor. Se você ora por sua esposa, ama-a, tenta fazê-la feliz de todas as formas e ela retribui, seu lar será o céu sobre a terra.

Sendo ministro, deverá atentar para alguns pontos. Por exemplo, nunca use sua família para ilustrar uma mensagem, a menos que eles concordem. Ainda que a história seja engraçada, e você seja o alvo da piada, não conte sem a permissão deles. Sua esposa e filhos já vivem sob o brilho dos holofotes, portanto não os contrarie ao arrastá-los para um sermão. Já é bastante fácil ser filho do pastor sem ter de suportar esse tipo de castigo.

Incentive sua esposa a cultivar amizades sinceras com outras mulheres da região, principalmente com esposas de outros ministros. Se ela preferir não desenvolver amizades íntimas dentro da igreja, deverá procurar em outro lugar pela companhia feminina de que toda mulher precisa.

Peça a Deus por um casal maduro da igreja, que possa vir à sua casa e cuidar de seus filhos enquanto você sai para viajar com sua esposa. Ela precisa passear e você precisa tê-la a seu lado. Atualmente, com essa onda de escândalos no ministério, a diretoria da igreja deverá aprovar a companhia de sua esposa quando você for ministrar fora da cidade.

Estimule sua esposa a ser autêntica e não a imitação de alguém, quanto mais da esposa do antigo pastor. ("Minha filha, ela falava tão bem!") Elogie-a e encoraje-a a desenvolver seus dons, dê espaço para que ela cresça e, juntos, vocês "servirão ao Senhor com alegria".

Um último conselho: quando se sentir frustrado e furioso, não descarregue em sua esposa ou em seus filhos. Ao chegar em casa para o jantar, faça com que todos se contentem com a sua presença. Aprenda a se controlar e, antes de mais nada, aprecie a companhia de sua família. Ao fim da noite, você e sua esposa podem orar e conversar sobre as aflições e problemas do dia. (Não se esqueça de que tanto ela como seus filhos também têm sua parcela de problemas e aflições.) Que Deus não permita que eles olhem pela janela e digam: "Cuidado! Papai está chegando!"

O que devemos fazer quando começamos a ter problemas sérios no lar?

Não temos a menor dúvida de que o coração de todo problema é o problema que há no coração. Assim, comece examinando a si mesmo e buscando o perdão e a purificação que vem de Deus. Se você e sua esposa forem honestos com o Senhor, entre si e estiverem dispostos a pedir perdão e a perdoar, Deus poderá trazer restauração. Esse deve ser o primeiro passo.

É possível que alguns problemas tenham raízes mais longas e profundas do que você imagina e, ao começar a tratar da situação, novos problemas aparecerão. Procure um conselheiro cristão competente que possa ajudá-lo emocional e espiritualmente. Reunir-se com um conselheiro pode ser constrangedor para você e sua esposa, mas também pode trazer restauração e amadurecimento.

Se o problema envolver um de seus filhos, tudo se torna especialmente penoso. Partilhar suas aflições com a igreja pode envergonhar e magoar seu filho, porém se você deixar de fazê-lo e a verdade vier à tona aos poucos, sua integridade será afetada. Em geral, o melhor é contar à liderança e pedir-lhes para orar pelo assunto. A notícia irá "vazar" gradualmente para a congregação. Seus adversários na igreja poderão usar o problema para atacá-lo, mas a maioria ficará ao seu lado e demonstrará amor e consideração. Afinal, todos têm problemas na família.

Será maravilhoso ver o que Deus fará em você e por você, à medida que você e a igreja dividirem o problema. O Pai pode conceder mais amor e carinho, afetando de forma carinhosa seu trabalho pastoral e sua pregação. Você descobrirá que outras pessoas na igreja já passaram pelo mesmo problema e poderão ajudá-lo.

Como somos todos humanos, não há como evitar sermos vulneráveis. Quem somos nós para sermos poupados dos ataques de Satanás e dos fardos da vida? Martinho Lutero dizia que “oração, meditação e tentação são os ingredientes de um ministro”, e ele estava certo. Nossas provações nos levam à Palavra de Deus e à oração, o que nos torna cristãos e servos melhores. Como Jesus Cristo, nosso Senhor, devemos, ao sermos feridos, curar.

Capítulo Vinte

QUESTÕES DIVERSAS DO MINISTÉRIO

O QUE VOCÊ CONSIDERA A MAIOR NECESSIDADE DA IGREJA ATUALMENTE?

Em uma palavra: reavivamento, que simplesmente significa substituir fingimento por realidade. A igreja está tão parecida com o mundo que não parecemos exercer grande influência sobre ele, e somente o Espírito Santo pode mudar isso. Substituímos a oração pela propaganda, trocamos a adoração e a pregação pelo espetáculo, e ainda tememos que nosso suposto sucesso seja frívolo e temporário. O que já foi um templo hoje é mais um teatro, e a glória de Deus se foi.

Normalmente, Deus começa com os seus servos. Agradecemos ao Senhor pelas notícias de que, em várias partes, pastores estão se reunindo para orar e derribando os muros que os separavam. O reavivamento não terá início até que o povo de Deus se acerte com Ele e entre si. A igreja que decide voltar aos fundamentos — a Palavra de Deus e a oração — consegue experimentar a bênção divina.

Talvez você pudesse pedir ao Senhor um avivamento, na oração pastoral de cada domingo. Ao fazê-lo, peça também por outras igrejas de sua comunidade. Se pastores e igrejas começarem a orar em público uns pelos outros em todos os cultos dominicais, pode ser que o Espírito Santo comece a agir entre eles.

Embora seja verdade que um despertamento espiritual é um ato soberano de Deus, não podemos esquecer que 2 Crônicas 7.14 ainda está na Palavra divina.

Hoje em dia, parece haver uma profissionalização do ministério. Os ministros já não são servos ou pastores, porém muito semelhantes a executivos. Como vocês vêem isso?

Assustados. Somente Deus sabe o que se passa no coração de seus servos, mas podemos ver algumas tendências bastante perturbadoras. Em primeiro lugar, a igreja local é atualmente vista como uma empresa. O pastor é o presidente, os diáconos e presbíteros formam o conselho de administração e o sucesso é medido pelos resultados financeiros. A filosofia parece ser: "Se funciona para a IBM, funcionará para a igreja".

No entanto, Deus nem sempre pensa e age como nós, em nossas bem-sucedidas estruturas empresariais (Is 55.8,9). No Novo Testamento, a igreja é representada de diversas formas, mas nunca como uma empresa. Sim, ela deve funcionar como uma empresa, todavia não é uma empresa. Temos muito que aprender com os especialistas em administração, mas devemos ter o cuidado de testar todas as coisas segundo a Palavra de Deus. Quando o pastor deixa de apascentar, o que pode acontecer à ovelha? (Leia Ezequiel 34.) Quando uma igreja é administrada como um negócio, será que fatores imensuráveis (como o fruto do Espírito) continuam a contar?

Todas desejam crescer, porém o verdadeiro crescimento vem através de uma boa nutrição para o rebanho, não pelo simples acréscimo de pessoas. Devemos nos organizar em prol da eficiência, mas também buscar a plenitude do Espírito, caso contrário o que pensamos ser uma bênção pode virar uma maldição. Ela não precisa imitar o mundo para experimentar as bênçãos do céu. Campbell Morgan disse: "A igreja fez mais pelo mundo quando menos se parecia com ele".

Qual a melhor forma de ministrar aos aposentados na igreja?

A terceira idade representa um grande segmento da população atual. Além de representar uma grande força de trabalho, é um interessante campo para ganharmos almas. Os santos mais idosos devem ser treinados e convidados a servir. Toda igreja deveria ter um ministério voltado para eles, mobilizando e motivando os aposentados a viverem para Cristo e o servirem.

Na maioria das vezes, o ministério para os idosos se resume a brincadeiras e jogos, conversas e lanches, e uma infinidade de viagens. Suas necessidades espirituais são ignoradas ou tratadas como algo de menor importância — isso é um erro. Certamente não há nada de errado em um grupo desfrutar uma viagem de ônibus ou um jantar, mas a vida cristã é mais que lazer. Há também a questão do engajamento no serviço do Senhor e o enriquecimento de suas próprias vidas.

Os aposentados têm mais tempo livre e dinheiro disponível (nem sempre) que qualquer outro segmento da população. Esses dias e esse numerário precisam ser capturados para o Senhor. Essas pessoas, muitas vezes, são aquelas que lutam em oração na igreja, e não podemos jamais dar a impressão de que podem sair em férias. Algumas vezes, elas dizem: "Já fiz minha parte na igreja e está na hora de outras pessoas assumirem a obra". Eles não se aposentam apenas de seus trabalhos, mas também da vida cristã!

Seu ministério para os idosos deve ter uma declaração de propósitos clara, que inclua tanto o engajamento como o divertimento. Eles precisam ser informados sobre missões domésticas e no exterior, pois Deus pode chamá-los para servir no campo missionário. Devem aprender a testemunhar e a levar os perdidos a Cristo. Se você procurar, achará oportunidades incríveis para esse ministério por toda a sua comunidade. Aquele que apascentar os mais idosos precisa ter compaixão por eles e acreditar que têm uma grande contribuição a dar para a obra do Senhor. Eles precisam de desafios, não de acompanhantes.

Por sinal, essa é uma boa hora para tratarmos de um assunto correlato: os mais idosos são instrumentos nas mãos de Deus para auxiliar no ensino e treinamento das gerações mais jovens. Se você duvida dessa afirmação, leia Tito 2.1-8. Não cremos que cultos de adoração "tradicionais" e "contemporâneos" são bíblicos ou mesmo necessários. A igreja é uma família e, independente da idade que tivermos, devemos aprender a adorar juntos. O culto deve ser balanceado: "salmos, e hinos, e cânticos espirituais" (Ef 5.19; Cl 3.16). Os cultos separados, além de segregar gerações que deveriam ministrar entre si, podem ainda dividir famílias quando pais e filhos deviam adorar juntos.

No que diz respeito à evangelização, podem ser necessárias abordagens diferenciadas para cada geração. Já em um culto balanceado e cuidadosamente preparado, o povo cristão deve ser capaz de adorar em conjunto a despeito da idade.

TEMOS OUVIDO MUITO SOBRE "GRUPOS DE APOIO", PRINCIPALMENTE PARA PESSOAS QUE SOFRERAM VIOLÊNCIAS E PRECISAM DE AJUDA ESPECIAL. SERIA ISSO UMA OPORTUNIDADE PARA A IGREJA?

Pode ser, se você tiver membros treinados de modo adequado para liderá-los. Em quase todas as igrejas, há pessoas que carregam segredos dolorosos e mágoas reprimidas que de fato precisam ser apoiadas. A ministração da Palavra pode ajudá-las a perdoar e esquecer. É aqui que começa a cura, portanto não menospreze a pregação e o ensino. Pôr de lado a Bíblia e passar a mão no último livro de psicologia é dar um passo atrás.

Se sua igreja deveria ou não organizar grupos de apoio, depende de vários fatores. Você possui pessoas capazes para auxiliar a liderá-los? O número de vítimas que precisam de ajuda é suficiente para garantir reuniões regulares, ou não seria mais adequado um aconselhamento pessoal? Os grupos farão parte do trabalho da igreja ou funcionarão separadamente? A congregação está disposta a ver suas instalações sendo utilizadas por estranhos, que poderão tratá-las como apenas um lugar de reuniões?

Nem todos os que freqüentam esses grupos desejam receber orientações espirituais. Aliás, alguns deles sentem raiva da igreja. De qualquer forma, pode ser uma oportunidade para que líderes maduros os ajudem a obter uma nova perspectiva sobre o Senhor e seu povo.

Embora o pastor deva manter contato com cada grupo, não deverá assumir a liderança de nenhum, a menos que haja muita necessidade e não exista ninguém disponível. Se você decidir liderar um deles, prepare-se da melhor maneira possível: assistindo a conferências, estudando através de diversos livros. Não aja como um psiquiatra amador. As pessoas para quem você ministrará precisam mais de Cristo que de análise.

Mesmo que você não inicie grupos de apoio, esclareça, com sua atitude e pregação, que está ciente dessas necessidades encobertas e disposto a ajudar. Mantenha seu senso de humor sob controle e não conte piadas sobre bêbados, pessoas obesas, deficientes mentais e pessoas divorciadas. Jamais diga algo que possa ferir o coração de alguém viciado ou vitimado por algo.

Embora não devam saber os segredos pessoais de todos os que freqüentam os cultos, a igreja deve ser um grupo de apoio para aqueles que sofrem. Com seu exemplo e orientações, ajude seu rebanho a demonstrar compreensão, compaixão e amor. Pessoas rejeitadas e desprezadas se sentem à vontade na presença do Filho de Deus (Lc 15.1) e devem se sentir à vontade com o povo de Deus. Talvez você possa começar um grupo para pais que enfrentaram a morte de um filho, ou com pessoas recentemente divorciadas. Suas feridas são profundas e não vão sarar com facilidade.

Tenho lido reportagens sobre mudanças na estrutura familiar e sobre a necessidade de a igreja se adaptar a essas mudanças. De que forma isso deve acontecer?

As instituições sociais estão sempre em mutação, porém nos últimos anos as mudanças na estrutura familiar foram surpreendentes. Nem todas são boas, mas todas são tentativas de sobrevivência.

O núcleo familiar tradicional — um casal casado criando seus filhos — vem sendo contestado por estruturas alternativas. O grande número de divórcios significa que muitas crianças precisam viver apenas com a mãe ou o pai, ou até com um outro parente. Muitas mães solteiras precisam cuidar da casa e trabalhar fora, o que é um grande desafio. Existem as "famílias misturadas", oriundas de casamentos entre pessoas divorciadas, "casamentos" entre pessoas do mesmo sexo e muitas outras estruturas. Embora não concordemos com muitas dessas propostas, precisamos ajudar as pessoas a lidar com elas.

Mais uma vez, não se trata de algo para amadores, portanto é aconselhável se informar melhor antes de chamar as pessoas. Grupos de pais e mães solteiras podem ser de algum auxílio, mas certifique-se de estruturá-lo de modo a não roubar o pouco tempo que os pais têm com seus filhos. Você terá de providenciar uma creche grátis para aqueles que não puderem arcar com uma babá. Uma classe de Escola Dominical para pais e mães solteiras apresenta prós e contras, portanto procure consultar pessoas que já fizeram isso e conhecem os problemas. Alguns querem estudar a Bíblia ao lado da congregação, sejam casados sejam solteiros, e não somente com pessoas que vivam a mesma situação. No entanto, uma reunião à noite, no meio da semana, parece funcionar bem. Nosso trabalho principal é apresentá-los a Jesus Cristo e incentivá-los em seu crescimento espiritual.

Embora seja bom estar a par das tendências sociais, lembre-se de que a igreja lida com pessoas reais e não índices estatísticos. Se o ministério estiver negligenciando algum segmento da população, estude a questão e verifique o que o Senhor pode querer de você, mas cuidado para não virar um mestre de cerimônias em uma igreja que virou circo. Se o Senhor não providenciar a liderança para cada ministério, ore e espere até Ele operar. Lembre-se de Atos 6.4 e da prioridade que deve ser dada à oração e à Palavra de Deus.

Realmente me sinto intimidado, quando leio sobre superigrejas, e fico pensando se não há nada de errado comigo e meu ministério. Alguma sugestão?

Uma igreja local comum é freqüentada por cerca de cem pessoas, e Deus pode usá-la para testemunhar e ministrar. Ele não é limitado pela quantidade de pessoas. Em alguns lugares, você poderá encontrar megaigrejas que experimentaram um crescimento inacreditável e cujos ministérios são imitados por outras, ainda que nem sempre com o mesmo sucesso.

Muitos cristãos pensam pequeno e de fato não querem que suas igrejas cresçam, o que é errado. O fato de ser grande não é indicação de falta de espiritualidade, mas é um erro fazer disso um objetivo e usar todos os artifícios disponíveis para reunir multidões também.

A igreja que realmente quer crescer para a glória de Deus (e não apenas para promover a reputação do pastor) deve se preparar para tal. Suponha que o Senhor lhe dê centenas de novos convertidos nos próximos meses. Você estará preparado para recebê-los e alimentá-los? A congregação tem condições de assimilar tantas pessoas? Uma igreja com trezentos membros não é apenas maior que uma com setenta e cinco pessoas, mas é muito diferente. Uma igreja maior deve ser organizada e administrada de um modo completamente diferente do que verificamos em unidades menores. Seus líderes estão preparados para mudanças tão drásticas?

Algumas das megaigrejas de hoje foram fundadas por seus atuais pastores e, portanto, estruturadas e alimentadas de modo a promover seu crescimento. Uma coisa é criar um gigante, outra bem diferente é transformar um anão idoso em um jovem gigante. Pode ser feito, mas há um preço a ser pago. Algumas vezes é preciso limpar a casa e começar todo o ministério de novo, o que pode ser muito doloroso. Melhor permitir que a igreja crie uma outra igreja, nova e diferente, que acabar com a reputação de ter causado uma divisão interna.

Se você estiver sendo fiel à obra que Deus o chamou para realizar e Ele estiver abençoando seu ministério, jamais se sinta intimidado pelo que acontece em outras igrejas (Jo 3.26-30). Agradeça pelo que Deus está fazendo nas outras igrejas e na sua, pois, se uma parte do corpo é fortalecida, todo o corpo é fortalecido, e somos todos aperfeiçoados. Igrejas, assim como crianças, são completamente diferentes e crescem em ritmos distintos. Alimente as pessoas que Deus lhe confiou e fique atento ao trabalho que lhe deu para fazer.

Nunca utilize o método de alguém até compreender os princípios que o fundamentam e concordar com eles. Imitar não garante sucesso. Uma igreja que alcança as necessidades das pessoas, que as leva a uma experiência mais profunda de culto e adoração, se organiza e se prepara para crescer, confiando nas bênçãos de Deus, certamente as terá conforme a vontade do Senhor.

O escritor escocês George MacDonald disse: "Em tudo o que o homem faz sem Deus, ele fracassa desgraçadamente ou é bem-sucedido ainda mais desgraçadamente". Nosso Senhor quer que demos frutos, frutos e frutos (Jo 15.2,5,8), mas nos alerta: "Sem mim nada podereis fazer" (Jo 15.5). No mundo atual, não é preciso muito para reunir uma multidão, mas não é fácil edificar uma igreja. Há um antigo poema que diz:

Métodos, são muitos; princípios, são poucos.
Os métodos sempre mudam, os princípios são imutáveis.

Apegue-se a princípios bíblicos e não seja um imitador.
Seja original.